불안한
마흔의
생존 쓰기

불안한 마흔의 생존 쓰기

흔들리는 마음을 잡아주는 글쓰기의 힘

초 판 1쇄 2024년 12월 04일

지은이 변한다
펴낸이 류종렬

펴낸곳 미다스북스
본부장 임종익
편집장 이다경, 김가영
디자인 윤가희, 임인영
책임진행 안채원, 이예나, 김요섭, 김은진, 장민주

등록 2001년 3월 21일 제2001-000040호
주소 서울시 마포구 양화로 133 서교타워 711호
전화 02) 322-7802~3
팩스 02) 6007-1845
블로그 http://blog.naver.com/midasbooks
전자주소 midasbooks@hanmail.net
페이스북 https://www.facebook.com/midasbooks425
인스타그램 https://www.instagram.com/midasbooks

ⓒ 변한다, 미다스북스 2024, *Printed in Korea*.

ISBN 979-11-6910-946-8 03190

값 18,500원

미다스북스는 다음세대에게 필요한 지혜와 교양을 생각합니다.

흔들리는 마음을 잡아주는
글쓰기의 힘

변한다 지음

불안한
마흔의
생존 쓰기

미다스북스

어떤 글 짓는 이로
남고 싶은가

다 쏟아내라. 글로 옮기지 못할 삶은 없다.

— 캐시 렌첸브링크

쇼펜하우어는 세상을 세 부류의 저자로 나누었습니다. 첫 번째는 생각하지 않고 글을 쓰는 저자, 두 번째는 쓰면서 생각하는 저자, 마지막으로 사색을 마친 후에 집필하는 저자입니다. 2023년의 마지막 날, 낡은 카펫이 돌아가는 어느 빨래방에서 저는 이 분류에 깊이 공감하며 다짐했습니다. '그래, 나는 두 번째 유형인, 쓰면서 생각하는 저자가 되겠노라.'

『불안한 마흔의 생존 쓰기』는 제목에서 알 수 있듯이, 쓰기에 관한 책입니다. 그러나 이 책은 구체적인 쓰기 기술을 자세히 제시하지는 않습니다. 대신 왜 써야 하는지 어떻게 시작해야 하는지 쓸 때의 마음가짐 등을 탐구합니다. 읽기에서 쓰기로 넘어가려는 분들에게, 이 책이 여러분의 일상에 작은 변화를 가져다주기를 바랍니다. 어서 그 한 걸음을 내딛어보시길 권합니다.

많은 분이 글쓰기를 어렵게 생각합니다. 완벽한 시스템을 갖추고, 각 잡고 글을 쓰지 않더라도 이미 다양한 글들이 존재하는데 내 글이 무슨 의미가 있을까 하고 고민합니다. 하지만 그 평가는 독자의 몫입니다. 그러니 일단 시작하는 것이 중요합니다. 30회 가까운 제 북토크에서 많은 분이 '시간이 없다.', '실력이 부족하다.'라며 푸념하셨지만, 그런 핑계와 변명거리를 찾는 한 영원히 글을 쓰지 못할 것은 자명합니다. 마냥 기다린다고 해서 완벽한 순간이 오지 않는다는 것을 우리는 이미 알고 있습니다.

쓰기를 주저하는 이유는 아마도, 삐걱거리고 뒤틀린 삶의 방향을 찾고자 하는 절실함이 아직 충족되지 않기 때문입니다. 만약 이 책을 통해 적정한 시기를 찾고 있다면 기억해야 할 점이 있습니다. 어떤 문제를 해결하려면 우리는 항상 그 한가운데에

서 있어야 한다는 것입니다.

저 역시 힘들고 지칠 때마다 글을 읽고 쓰며 나만의 길을 찾아왔고, 지금까지 두 권의 책을 냈습니다. 『글쓰기의 최전선』의 저자 은유는 불안정한 세상에서 글쓰기가 삶의 목소리를 찾는 것이라고 했고, 『외로움 수업』의 저자 김민식은 시련 속에서 글쓰기를 시작해 새로운 삶을 맞이했습니다.

우리는 학창 시절 마지못해 썼던 독후감이나 방학일기, 회사의 보고서 외에는 그동안 글쓰기와 가까운 적이 있었던가요. 『불안한 마흔의 생존 쓰기』를 통해 제가 얻은 진짜 '쓰기'의 의미를 독자 여러분과 나누고 싶습니다. 로마 제국 시대의 사상가 세네카는 폭풍 속에서 표류하더라도 그런 경험이 긴 항해의 일부라고 이야기했습니다. 부디 지금 이 순간을 집중하며 살아가길 바랍니다. 아직도 쓰기 근처에서 머뭇거리고 있다면, 과감히 그 바닷속에 뛰어들기를 권합니다.

박웅현의 『여덟 단어』에서 인상깊었던 문장을 보태며 마무리하겠습니다. "우리 되는대로 살되, 인생에는 본질적으로 중요한 게 무엇인지를 살피고, 우리가 한 현명한 판단을 옳게 만들면서 삽시다." 자, 준비되셨나요?

목차

1장
글쓰기, 감정의 근육을 건드리다

2장

담금질로 완성되는 문장의 힘

4장

일상 속으로 스며들다

글쓰기,

감정의 근육을

건드리다

내 글로 저벅저벅
건너가고 있어요

글쓰기가 힘들 때면 나는 나 자신을 격려하기 위해서 내 책
을 읽는다. 그러면 글쓰기는 언제나 어려웠고 가끔은 거의
불가능했음을 기억하게 된다. — 어니스트 헤밍웨이

"당신의 회사생활의 비상구는 무엇인가?" 김민철의 『내
일로 건너가는 법』에서 이 질문을 접하며 멈칫했습니다. 내
비상구에는 불이 켜져 있는가? 아마도 첫 직장에서의 비상
구는 회사의 이름값에서 오는 자긍심이었습니다. 그 시절
회사가 역대급 호황이었고, 보너스를 두둑이 받았던 기억이
여전히 생생합니다. 월급통장을 보면 밥을 먹지 않아도 항
상 배부른 기분이었습니다.

두 번째 직장에서는 공적인 일이 주는 보람과 호기심이 제 비상구가 되었습니다. 물론 처음 해보는 공직 생활은 기업에서의 경험과는 사뭇 달랐습니다. 스쿠터를 타고 축구장 몇 배 면적의 광활한 조선소를 돌아다니다가, 갑작스럽게 갑갑한 새장 속에 갇힌 듯한 느낌이었습니다. 제가 하는 말과 행동이 제 상사와 제가 홍보하는 도시의 얼굴이 된다는 책임감이 때때로 부담스럽기도 했습니다. 하지만 공직을 수행하며 세상과 이웃의 소중함을 깨닫게 된 것은 큰 수확이었습니다. 새로운 분야인 행정과 복지를 접하며 그 속에서 많은 자극과 배움을 얻어 사회복지사, 요양보호사, 한국어교원 자격증까지 취득하도록 이끌었습니다.

저는 현재 홀로 홍보 체계를 구축하며 회사의 인지도를 높여야 한다는 압박감을 느끼고 있습니다. 그러나 유망한 산업군에 속해 있다는 기대감과 직장·주거 근접으로 인한 편리함 덕분에 퇴근 후 다른 생활에 몰입할 수 있는 여유도 얻었습니다. 이로 인해 때론 지루하고, 판에 박힌 일상에서도 묵묵히 밥벌이를 해오고 있습니다. 『내 일로 건너가는 법』의 저자는 직장을 그만두었다고 하는데 추측건대 아마도 본인 일로 건너가며 몇 권의 책을 낸 후 자신의 글로 새로운 길을 찾고 싶었던 게 아닐까 싶습니다. 그러고 보면 글쓰기는 글쓴이에게 다른 곳으로 건너갈 시간을 벌어주는 보루와 같은 존재입니다.

『#낫워킹맘』의 공저자 박정선은 '오롯한 나'로 서기 위해 글쓰기를 갈망한다고 했습니다. 워킹맘과 주부라는 경계를 넘나들며 그녀가 보여주는 지치지 않는 노력과 번뇌는, 같은 시대를 살아가는 이들 사이에 묘한 동질감을 불러일으킵니다. 사실 우리 모두는 하루하루를 살아내기 위해 고군분투하며, 자신의 위치에서 최선을 다할 뿐입니다. 어떤 이는 사회적 성공을 뛰어넘어, 그저 자신의 창작에 몰두하며 진정한 장인이 되기를 꿈꿉니다. 삶에서 가장 가치 있는 일에 몸과 마음을 다하는 것이야말로 진정한 '장인'의 삶 아닐까요?

그렇다면 지금 당신의 글은 어떤 모습으로 보이고 있나요? 탈출의 수단으로써, 혹은 마지막 도움닫기로? 오롯이 나로 우뚝 서는 방법으로, 아니면 평생 함께 성장할 장인으로서? 『유혹하는 글쓰기』의 저자 스티븐 킹은 글쓰기의 목적은 살아남고 이겨내고 일어서서 결국 행복해지는 것이라고 했습니다. 단언컨대 우리의 글로 어떤 어려움이든 어떤 역경이든 행복을 위해 일단 건너보는 건 옳습니다.

2

불안으로 움츠리지 말고 써라

글쓰기는 행동이다. 생각하는 것은 글쓰기가 아니다. 글쓰기는 머리가 아닌 종이에 낱말을 늘어놓는 것이다.

― 로버타 진 브라이언트

초록색 창에 트위터를 입력할 때, 쨱쨱이 그림 옆에 "이 순간 일어나는 일들을 전합니다."라는 문구가 있었던 기억이 납니다. 그 회사가 실시간으로 전해주던 공포는 실로 대단했습니다. 2년 전 겨울이 시작됐던 어느 날, 홍보인의 단체대화방에서 '트위터 커뮤니케이션팀 전원 해고'라는 소식이 전해졌을 때의 오싹함은 말로 표현할 수 없었습니다. 메타도 수천 명을 감원한다는 소식이 들려왔고, "You're fired, You're saved."의 이분법이 일어난 건 창사 18년 역사상 처음이었다고 합니다.

멀리 갈 것도 없습니다. 한때 한국의 조선업은 불황이라는 단어와는 거리가 먼 분야로 여겨졌습니다. 심지어 IMF 시기조차도 끝없이 이어질 호황이 약속된 듯 보였고, "지나가는 개도 만 원짜리 지폐를 물고 다닌다."는 우스갯소리가 나올 만큼 경제적 활황이 지속되던 때가 있었습니다. 그러나 그렇게 이어지던 호시절도 결국 사라지고, 어느새 긴 불황의 터널에 들어서 피할 수 없는 시련을 마주하게 되었습니다. 저의 첫 직장도 예외는 아니었습니다. 그 시기에 PR이나 마케팅보다 원가 절감이 더 시급했죠. 저로서는 극심한 불안감에 시달렸고, 날로 심해지는 스트레스와 맞서야 했습니다.

하루에도 몇 통씩 각자의 사정으로 회사를 떠나는 동료들의 메일을 받으며 언젠가는 나에게도 그 순간이 다가올지 모른다는 두려움 속에 살았습니다. 마음속은 이미 격동의 소용돌이에 휩싸였지만, 겉으로는 담담한 척 마음을 진정시키며 언제든 닥쳐올 상황에 대비하려 애썼습니다. 매일의 출근길은 그저 그날이 무사히 지나가기를 바라는 마음이었고, 작은 희망조차 붙들기 힘들었습니다.

불운은 그저 한 번으로 끝나지 않았습니다. 입사한 지 겨우 8개월 만에 제가 맡고 있던 조직이 사라진다는 통보를 받았을 때는 어이없다는 말조차 부족했습니다. 심지어 전환 배치될 수 있다는 이야기를 들으며, 황당하고 막막한 감정을 억누르기 힘들었습니다.

물론 어떤 사람들은 이러한 상황을 두고 "새로운 도전의 기회가 될 수 있다."며 긍정적으로 말할 수 있을 것입니다. 그러나 실질적으로 위기의 한가운데에서 공포와 압박을 직접 경험한 이들은 그 고통스러운 감정이 얼마나 무겁고 깊은지 잘 알고 있습니다. "위기의 반대말이 곧 새로운 시작"이라는 말은 사실 그 상황을 단지 지켜보는 입장에 있거나, 평온한 마음으로 여유 있게 바라보는 사람들이 할 수 있는 이야기일지도 모릅니다.

이후 생존에 대한 극심한 공포에 단련된 저는 지금까지 되뇌는 주문이 있습니다. 안락하고 평안한 회사에 목매지 말고, 지속적으로 나를 탐구하며 눈을 크게 뜨고 멈추지 말라는 것입니다. 그래서 퇴근 후에는 누군가가 쓴 책을 읽고, 제 생각을 담아 글을 씁니다.

이동수의 『언젠가 잘리고, 회사는 망하고, 우리는 죽는다!』에서 "무슨 차를 소유했는가는 중요하지 않다. 나에게 자동차는 '내 차는 엄청 좋은 차야.'라는 소유의 영역이 아니라 '나는 이 차로 무엇을 할 수 있어.'라는 경험의 영역이다." 라는 문구가 인상 깊었습니다. 여기서 '경험'을 '실행'으로 바꿔 보고 싶습니다. 중요한 건 소유의 영역이 아니라, 일단 질러보는 실행의 영역이라는 것입니다. 죽기 전에 언젠가는 잘리는 현실을 목도했고, 회사의 어려움을 직접 겪어봤으니, 이제는 모든 것을 던진 인생 속에서 묵묵히 굴러가 보자고 다짐합니다.

물론 두잉(doing)의 총량은 그렇게 중요하지 않습니다. 진정으로 우리에게 요구되는 것은 온전한 나로 존엄하게 불안하지 않게 살 수 있도록 대내외적인 부정적 영향을 차단하는 실행입니다. **발로 땅이나 기구를 밀어내듯이, 안온함의 중력을 이겨내고 조직과 사회의 요구에 수동적으로 대응하는 삶에**

서 벗어나, 내부의 자발성과 의욕부터 살살 꺼내어 보는 것이 필요합니다. 실제로 제가 하는 읽기, 쓰기, 자기 계발 등이 그러합니다.

그렇다면, 이 글을 읽는 당신은 이 극렬한 공포에 어떻게 마주하며 살아갈 것인지 정말로 궁금합니다.

3

쓴다는 건
삶의 주인이 된다는 것

글쓰기가 어렵게 느껴진다면 이는 실제로 어렵기 때문이
다. 인간의 행위 중 가장 어려운 일 중의 하나가 글쓰기이다.

— 윌리엄 진서

배움과 공부를 즐기는 편입니다. 그 많은 자격증을 딴 것
도 예능 프로그램 〈순간포착 세상에 이런 일이〉에 출연하
려는 목적은 아니었고요. 미래를 준비하고 싶은 간절한 마
음에서 시작된 일이지만, 스스로 배우고 익히는 것을 좋아
하다 보니 자연스럽게 지금까지 이어져 온 것 같습니다. 야
마구치 슈의 『독학은 어떻게 삶의 무기가 되는가』를 읽으며,
남들이 어떻게 생각하든 간에 나만의 길을 멈추지 않고 계

속 걸어가겠다는 다짐을 하게 되었습니다. 또 고명환의 『나는 어떻게 삶의 해답을 찾는가』를 통해 저자가 강조하는 '끌려다니지 않는 삶'의 중요성을 깨달았습니다.

대체 끌려다니지 않는 삶이란 무엇일까요? 그것은 내가 내 인생의 주도권을 쥐고, 그 흐름을 스스로 이끄는 것입니다. 『어떻게 민주당은 무너지는가』의 저자 조기숙은 주류 마음의 핵심을 책임감, 일관성, 그리고 목표 지향성이라고 강조합니다. 주류의 삶이란 억울한 상황 속에서도 남 탓을 하기보다는 자신의 책임을 돌아보고, 문제를 해결하기 위해 노력하는 태도에서 비롯됩니다. 이것은 정치나 정당에만 해당하는 이야기가 아닙니다.

우리는 모두 자기 삶을 주도해야 합니다. 그 주도권을 쥐기 위해서는 결심과 신념이 필요합니다. 그때 비로소 우리는 인생을 스스로 이끌 수 있습니다. 나의 삶을 내가 쥐고 흔드는 것, 그것이 바로 주류의 삶입니다. 저는 올해 직장 생활 20년 차에 접어들었습니다. 언론사 입사를 준비하다가 남들보다 시작이 조금 늦었죠.

경력이 쌓여도 직장에서는 여전히 자질구레하고 하찮게 느껴지는 일들이 많더군요. 신문사 주필도 아닌 사람들이 사진 구도나 단어 선택을 트집 잡는 간섭은 끝이 없었습니다. 그런 사소한 일들이 쌓여 감정이 상하고, '내 경력이 얼만데 이 정도 재량권도 없나?'라는 불만이 쌓일 때도 있었습니다. 하지만 냉정하게 생각해 보면 그건 결국 남의 일이었을 뿐이었습니다. 내 사업도, 내 소유의 회사도 아닌데 그렇게까지 감정적으로 예민하게 반응할 필요가 없었습니다.

그때부터였던 것 같습니다. 내 삶의 중심에서 벗어나 있는 듯한 비주류의 피로감에서 해방하기 위해, 내 손으로 직접 글을 쓰기 시작했습니다. 그 쓰기로 저는 다시 제 삶의 주도권을 쥐게 되었습니다. 『내가 잘못 산다고 말하는 세상에게』의 저자 정지우도 로스쿨과 육아를 병행하며 책을 쓴 경험을 털어놓았습니다. 바쁨과 고됨 속에서도 글쓰기는 그에게 오히려 집중력을 선사했다고 합니다. 그의 말처럼 하루 중 극히 적은 시간일지라도 내 삶의 가장 중요한 부분에 집중할 수 있었고, 그 중심에 글쓰기가 있었습니다.

이렇듯 글쓰기는 우리의 삶을 정리하고 더 나은 방향으로 이끌어가는 도구가 됩니다. 정지우 작가는 "글쓰기는 내 삶을 털어놓는 것이 아니라, 내 삶을 더 나은 방향으로 이끌어가는 과정"이라고 말합니다. 삶이 혼란스럽고 무거운 현실에 얽매일 때조차도 필사적으로 내 삶을 이끌어야 한다는 믿음, 그것이 바로 글쓰기를 통해 이어진다고 생각합니다. 글쓰기는 단순한 기록이 아니라, 내가 내 삶의 주도권을 쥐고 나아가는 유일한 방법일지도 모릅니다.

결국 모든 것은 우리의 선택에 달려 있습니다. 오늘도 지친 하루를 마무리하고, 책상에 앉아 나만의 글을 끼적여 봅니다. 하루 열 줄도 안 되는 매일의 글쓰기가 내 삶을 더 나은 곳으로 이끌 것이라는 믿음 속에서.

4

둥글게 둥글게는
동요로만

지옥으로 가는 길은 부사로 덮여 있다.　　　– 스티븐 킹

어떤 분이 제게 물으셨습니다. "뾰족하게 사는 게 나을까요, 둥글게 사는 게 나을까요?" 제 대답은 단호했습니다. "뾰족하게 사는 것이 좋습니다." 특히 회사나 조직에서는 연차가 쌓일수록 가장 중요하게 요구되는 능력은 바로 문제해결력입니다. 문제를 제대로 풀기 위해서는 둥글둥글한 시선으로는 부족합니다. 날카로운 시선과 명확한 분석력이 필요하죠. 뾰족하게 날이 서야 문제를 정확히 보고 풀 수 있다고 생각합니다.

강범규의 『라면집도 디자이너가 하면 다르다』에서는 디자이너 빅터 파파넥의 말을 인용해 "디자인이란 문제를 찾고 해결하는 과정"이라고 강조했습니다. 우리가 마주하는 수많은 문제를 해결하기 위해서는 먼저 '안목'이 있어야 한다고 말했습니다. 또한 문제 해결의 완성도를 높이려면, 결코 디테일을 무시할 수 없다고도 덧붙였습니다.

사람은 홀로 존재할 수 없고, 사회에서의 조화는 물론 중요합니다. 그러나 문제 해결의 출발점은 무엇이든 날카로운 시선에서 시작해야 합니다. 단순히 기존의 것을 연결하든, 완전히 새로운 것을 발견하든, 그 바탕에는 예리하고 세심한 관찰이 필요합니다.

이와 같은 원리는 독서에도 적용됩니다. 예전에 읽었던 마쓰오카 세이코의 『독서의 신』에서 독서에 대해 말한 부분이 떠오릅니다. "독서는 가벼운 옷을 골라 입는 패션과 같고, 운하를 뚫는 일처럼 열심히 탐구하는 과정이다. 독서는 나를 새로운 세계로 납치하는 경험이다." 이처럼 독서는 단순히 책을 읽는 것이 아니라, 책을 통해 새로운 시각을 얻고 세상을 바라보는 방식을 확장하는 행위입니다.

저자는 독서를 "조감력과 미시력이 교차하는 실험"이라고 정의합니다. 조감력은 전체를 한눈에 볼 수 있는 시야라면, 미시력은 작은 부분까지 자세히 들여다보는 능력입니다. 책을 읽다 보면 우리가 몰랐던 새로운 정보나 관점을 접하게 되고, 이를 통해 오만에 빠지지 않고 더욱 겸허해질 수 있다는 뜻입니다.

이 말을 들으며 연상호 감독의 영화 〈지옥〉이 떠올랐습니다. 한 인물이 말합니다. "온전한 세상은 작은 죄를 알아차리는 데서 시작된다. 자기 행동을 되돌아보는 자세, 그리고 모든 순간에 신의 시선을 의식하는 습관이 필요하다." 이 말을 조금 바꿔보면, 신의 시선 대신 자신을 돌아보는 성찰의 시선이 필요하다는 의미로 해석할 수 있습니다.

요즘 우리는 종종 '내로남불'('내가 하면 로맨스, 남이 하면 불륜'의 줄임말)이라는 말을 듣습니다. 자신에게는 관대하고, 타인에게는 엄격한 태도를 말하는 이 표현은 오늘날 우리 사회의 온전치 못함을 적나라하게 보여줍니다. 읽고 쓰기를 통해 세밀히 나 자신을 돌아보고, 염치와 수치를 깨닫는 것이야말로 인간으로서 지녀야 할 기본적인 도리이자 예의가 아닐까요? 글을 읽고 쓰는 우리는 그렇게 뾰족하게, 날카롭게 세상을 바라볼 필요가 있습니다.

5

당신의 직관에
응답하고 계신가요?

그 순간 나오는 생각을 적어라. 골똘히 짜내지 않은 생각들
이 보통 가장 가치 있다.　　　　　　　　　－ 프란시스 베이컨

헤드헌터를 통해 온 어느 회사의 제안이 있었습니다. 최고경영자가 누구인지, 지분구조는 어떠한지, 그리고 어떻게 이윤을 창출하는지 세심하게 조사해보았습니다. 겉보기에는 그럴싸했지만 뭔가 의심스러운 부분이 있었습니다. 미심쩍은 지분구조, 모호한 수익배분, 그리고 그 주가를 어떻게 유지할 수 있는지 도무지 감이 오지 않았습니다. 이는 IR이나 홍보 조직의 문제일 수도 있었지만, 찜찜한 기분을 떨칠 수 없었기에 결국 지원 요청을 정중히 사양했습니다. 그런

데 얼마 뒤 모 시사 프로그램에서 그 회사를 대대적으로 다루는 걸 보고 나서야 '아, 내 직감이 맞았구나.' 싶었습니다. 참으로 아찔한 순간이었죠.

우리는 모두 각자 나름의 직관을 가지고 있습니다. 특히 마흔을 넘기고 인생의 중반을 지나면서 직관이 자주 빛을 발하는 순간들이 많아집니다. 직관이라는 것은 마치 길을 걷다가 앞에 있는 똥을 밟을지, 아니면 살짝 피할지 결정하는 순간과도 같습니다. 피할 수 없을 때 코라도 막고 뛰어넘어야 할지도 모르죠. 직관의 힘은 경험에서 비롯되며, 그 경험이 쌓이면 쌓일수록 직관이 비춰주는 길은 더욱 명확해집니다. 김낙회의 『무엇을 버리고 무엇을 지킬 것인가』에서 저자는 직감을 타고나는 것이 아니라, 지적 경험의 산물이라고 이야기합니다. 우리의 직감이란 그동안 살아오면서 쌓인 경험, 지식, 그리고 개념들이 바탕이 되어 만들어진 것입니다.

저 역시 이 의견에 깊이 공감합니다. 인생에서 문제를 해결하는 능력은 중요하며, 어떤 사안에 관한 결정을 내릴 때도 마찬가지입니다. 감으로 결정을 한다 해도 그 감이란 건 결코 막연한 것이 아닙니다. 오랜 경험과 학습을 통해 다듬어진 결과이죠. 직관의 성공 확률이 높은 것은 단순히 운이 좋거나 특별한 능력이 있어서가 아닙니다. 공부하고, 책을 읽고, 끊임없이 노력하면서 직관을 갈고 닦아야만 그 성공 가능성이 커지는 것입니다. 그런 인풋이 충분히 들어가야만 결정적인 순간에 올바른 결단을 내리고, 그 결단의 타이밍도 맞출 수 있습니다.

직관은 마치 오랜 시간 정성껏 우려낸 사골 육수와도 같습니다. 깊고 진한 맛을 내기 위해 긴 시간을 들여 끓이듯, 직관 역시 오랜 경험과 고민을 통해 비로소 깊이를 더해 갑니다. 요즘은 그 사골 육수를 작은 동전 모양으로 압축해 손쉽게 꺼내 쓸 수 있게 판매하기도 하지요. 직관도 마찬가지로, 필요할 때마다 꺼내 쓸 수 있도록 평소에 풍부한 '암묵지'를 쌓아두어야 합니다. 저 역시 고된 삶을 견디고 때론 잊기 위해 그리고 제대로 살아보려고 글을 통해 제 직관을 다듬어갔습니다. 그러한 과정을 통해 두 번째 책, 『굶주린 마흔의 생존 독서』를 쓰게 된 것이기도 합니다.

특히 모 지자체에서 일하면서 식중독에서부터 노인학대, 아동학대 등 위기관리 사안부터 압수수색, 수사, 송사까지 의도치 않게 다양한 상황을 겪었습니다. 무려 4년 동안 살얼음 위를 걷듯 긴장된 나날을 보내다 보니, 작고 큰일이 없는 한가한 일상조차 의심 없이 받아들이기 어려운 상태에 이르렀습니다. 그때부터 눈이 짓무를 정도로 더 맹렬하게 책을 읽고, 잊지 않으려 기록했습니다. 불안하고 초조한 나를 붙들어 준 유일한 방법은 바로 쓰기였습니다. 쓰지 않으면 내 삶이 사라질 것만 같았습니다. 정신의 끈을 놓치면 결국 내 몸도 온전치 않게 될 거라는 두려움이 짙게 밀려왔죠. 그 긴장감은 글을 피할 수 없게 만들었습니다. 그래서 더욱 집요하게, 더욱 깊숙이 글 속으로 나를 던졌습니다. 마치 그 안에서만이 나를 붙들 수 있는 길이 있다는 듯이 말입니다. 글쓰기는 나를 잃지 않기 위한 싸움이자, 온전히 나로 존재하기 위한 유일한 선택이었습니다.

"늦은 조개가 진주를 낳는다."는 말의 의미를 이제야 조금 이해할 수 있습니다. 오랜 세월 파도에 맞서며 그 안에 진주를 품어온 조개처럼, 저 역시 시간과 인내 속에서 제 안에 무언가를 남겨두고 있었던 것입니다. 그 과정에서 직관은 매 순간 저에게 조용히 메시지를 보내고 있었죠. 직관이란, 감당하기 힘든 상황에 놓였을 때 우리를 다시 본래 자리로 이끌어주는 묘한 힘을 지닙니다. 예기치 못한 인생의 굴곡에 흔들리며 자책하고 조바심을 내게 될 때, 직관은 "모든 일은 마음먹기에 달려 있다."는 따뜻한 조언을 건넵니다.

이제 저는 확신합니다. 직관의 신호에 응답하는 첫걸음은 다름 아닌 '쓰기'라는 것을. 이 글을 통해, 여러분께 그 첫 발걸음을 내딛기를 권하고 싶습니다.

6

송구함을 전하다

생각나는 대로 휘갈겨 쓴 후, 절반으로 줄이고, 제대로 다듬
어라.   – 찰스 다윈

부랴부랴 한의원을 찾았습니다. 부항도 시원하게 뜨고,
촘촘하게 침도 맞으니 그제야 비로소 살 것 같더군요. 언제
부터 아팠냐는 의사의 질문에 잠시 머뭇거리며, 3주쯤 된 것
같다고 대답했습니다. 사실 거짓말이었습니다. 무려 두 달
이나 미련하게 끌어왔습니다. 머리를 묶으려고 해도 왼팔
이 들리지 않아 한동안 기괴한 자세로 묶고, 마치 누가 곁에
서 불을 지르기라도 하는 듯한 아픔 속에서 끙끙댔던 나날
들…. 결국 그 바보 같은 시간에서 드디어 해방된 겁니다.

마치 시험지를 마지못해 훑어보고, 틀린 부분을 확인한 뒤에야 비로소 깨끗이 이해한 기분이라고나 할까요?

우리는 종종 자기가 이해하는 만큼만 믿고 넘어가는 경향이 있습니다. 괜찮다고 해놓고, 줄곧 괜찮지 않은 자신을 속였던 저 역시 마찬가지였습니다. 이미 40대 중반, 오십견이 올 나이임을 알면서도 이 정도쯤은 견딜 수 있다고 자신에게 주문을 걸었지만, 결국 이겨내지 못했습니다. 남편은 이직 스트레스 때문이라며 위로했고, 더 이상 스트레스를 받지 않으면 나아질 거라 했지만, 그 '나중'은 도대체 언제일지 몰랐습니다. 즉문즉답할 수 없을 때, 마음이 향하는 대로 행동하자는 생각에 결국 병원으로 뛰어갔습니다.

또 반복입니다. 조금만 더 참으면 나아질 것이란 미련과 인내의 굴레에서 언제쯤 벗어날 수 있을까요? 책을 보며 수없이 다짐했건만, 이번에도 실패하고 말았습니다. 주 3회 물리치료를 받겠다고 간호사에게 호기롭게 말하고는, 홀가분한 기분으로 집에 돌아오던 길에 문득 가와기타 요시노리의 『중년 수업』이 생각났습니다. 40대 이후의 몸은 더 이상 정상으로 복귀하려고 발버둥을 치는 것이 아니라, 이제는 능선을 따라 천천히 걸어가는 용도로 사용해야 한다는 말이 떠올랐습니다.

그 책을 읽을 당시에는 '왜 벌써 몸을 사려야 하지?'라는 생각이 들었지만, 지금은 그 의미가 와닿습니다. 내 몸 상태를 알고, 감각을 아는 것은 결코 시기와 관계없는 일입니다. 특히 통증은 인생에서 내가 겪어온 모든 것에 대한 책임을 알려주는 신호입니다. 좋은 일도 나쁜 일도 모두 나의 궤적이자 흔적입니다. 그것을 무시한 채 살아가는 건 결국 자기기만에 지나지 않습니다. 저자가 말했듯, 지금이라도 전투를 위한 몸 대신 작전을 짜는 몸으로 전환해야 합니다. 그건 병원이 아니라, 자기만의 사색 공간에서 해야 할 일입니다.

아프면 아프다고 소리치고, 치유할 땐 치유해야 합니다. 바람이 불면 누울 줄 알고, 대나무처럼 꼿꼿하게 서야 할 땐 강인하게 서 있어야 합니다. 그러다가 갈 때는 장렬하게 사라지며 흔적 없이 깨끗하게 떠나야겠죠. 이를 위해서는 그동안 쌓여온 것들에 대해 어느 정도 거리를 두고 평온한 마음을 유지할 필요가 있습니다. 무엇보다 중요한 것은 덜어내는 것입니다. 현재 아프고 혼란스럽다면 걸리적거리는 요소들을 하나씩 떼어내고 지워버려야 합니다. 미련 없이 미래를 준비하며 불안에 떨지 않는 것이 중요하죠. 이 손바닥만 한 공책의 빈 여백에 우리의 감정과 생각을 쏟아내는 것, 그것이 지금 우리가 감당해야 할 몫인 것 같습니다. 그동안 몰라봤던 자신에게, 괜찮은 척했던 내게 송구함도 함께 전하며, 이 과정 속에서 조금씩 나아가고자 합니다. 글쓰기는 단순한 표현이 아닌 나 자신과의 진솔한 대화이며, 나를 치유하는 소중한 시간임을 깨닫습니다.

7

글쓰기를 자연스러운
주름처럼 차곡차곡

가능한 한 자주 글을 써라. 그게 출판될 거라는 생각으로가
아니라, 악기 연주를 배운다는 생각으로.　　― J. B. 프리슬리

　참 오래간만에 미샤 스튜어트, 왕년의 살림의 여왕이었던
그녀의 소식을 접했습니다. 뉴욕타임스에서 2022년 가장
스타일이 좋았던 인물 리스트에 올랐다고 하더군요. 한때는
영향력 있는 여성 기업인으로 승승장구했지만, 주식 부당거
래 사건으로 징역도 살고 여러 논란에 휩싸였던 그녀였습니
다. 이제는 화장품 브랜드와 협업해 주름 개선과 보습 효과
를 홍보하더군요. 순간 생각했죠, '아, 그녀도 결국 세월을
피해 갈 수는 없구나.' 당당히 세상에 맞서기라도 하듯 수영

복 모델로 깜짝 변신해 스포트라이트를 받기도 했습니다.

주름을 자연스럽게 받아들이는 게 얼마나 힘든 일인지 문득 생각났습니다. 눈가에 주름이 자연스럽고 보기 좋은 사람은 진짜 이효리밖에 없나 싶기도 했습니다. 기억을 더듬어 보면, 20대부터 제 동년배들이 보톡스를 맞기 시작했다는 이야기에 얼마나 놀랐던지요. 이미 늦는 거 아닌지 괜스레 조바심이 생기더군요. 동생의 결혼식이 다가왔고, 그때 저는 어쩔 수 없이 보톡스를 맞아보기로 했습니다. 누나라는 신분으로서 미간에 인상을 잔뜩 쓰고 나타나면, 분명 남들에게 수군거림의 대상이 될 것이라는 생각이었습니다. 그래서 그 잠깐의 따끔거림으로 가정의 평화와 안녕을 지키려 했던 것이지요.

하지만 그 효과는 고작 6개월이었습니다. 다시 깊게 팬 미간을 보면서 허망하다는 생각이 들더군요. 몇 년 전, 아이와 놀이동산에 갔을 때 잃어버린 헬륨 풍선처럼 말이죠. 그 풍선을 손에서 놓치고 아이가 울고불고했던 순간처럼, 내 미간도 다시 주름이 지는 건 어쩔 수 없는 일이라는 걸 깨달았습니다. 세월이 지나면 주름이 느는 건 자연스러운 현상인데, 그 흐름을 어떻게 막을 수 있을까요? 영원히 빵빵하고 탱탱한 얼굴로 살아갈 수는 없는 법입니다.

정영욱 작가의 『나를 사랑하는 연습』에서 주름에 대해 말하는 부분이 인상 깊었습니다. 옷도 자주 입고 세탁하면 주름이 생기듯, 몸에도 삶의 흔적이 남습니다. 예뻤던 반지도 자꾸 끼고 빼다 보면 손가락에 자국이 남고, 결국 빛을 잃듯이요. 그럼에도 주름이 깊어질 때마다 좌절하게 됩니다. 그럴 때일수록 마음을 비우고 덜어내는 연습이 필요하다고 말하면서도, 저 스스로는 아직 그게 잘되지 않는다는 걸 느낍니다.

저처럼 성질 급한 사람에게 가장 견디기 힘든 건 한 치의 여유도 허락하지 않는 조바심입니다. 줄곧 속도와 생산성에 갇혀 살아왔던 저는 전 직장 임기를 마친 후 4개월의 공백이 있었음에도 불구하고 글을 쓰고 책을 읽고 시험을 준비하며, 학점은행제와 영어 통·번역까지 맹렬히 공부했습니다. 느슨하게 살겠다는 다짐은 무색해졌고, 그런 조급함이 계속되다 보니 죽어야 이런 종종거림이 끝나는 게 아닐까 하는 생각까지 들 정도였습니다. 그러던 중 미샤 언니의 세월을

거스르는 모습을 보며 문득 저를 발견하게 되었습니다.

그 모습은 마치 주름져야 할 바람통이 빵빵하고 경직된 아코디언과 같습니다. 아코디언은 주름진 바람통에 바람을 넣고 빼며 소리를 내는 악기인데, 우리 삶에도 주름이 존재합니다. 우리는 때때로 삶이 펴질 때를 경험하고, 다시 주름이 질 때도 겪게 됩니다. 이 흐름을 자연스럽게 받아들이는 것이 우리네 인생의 진리입니다. 마치 아코디언처럼, 우리는 상황에 맞춰 유연하게 반응하며 삶의 리듬을 조율해야 합니다. 문득 성남 북토크에서 만났던 한 독자님이 떠오릅니다. 그분은 장성한 20대 아들과 함께 참석하셨는데, 그 모습이 얼마나 인상적이었던지요. 부러운 눈으로 바라보면서 그들이 북토크에 오기까지 얼마나 많은 일들이 있었을까, 수많은 부침과 수렴의 과정들을 잠시나마 상상해보았습니다.

우리는 늘 마음을 다그치며 살았습니다. 바쁜 일상에서 자기 내면과 제대로 마주할 시간조차 없었습니다. 하지만 이제는 그 조급했던 마음을 조금씩 내려놓고, 아코디언처럼 천천히, 차분하게 호흡을 맞추는 것이 어떨까요? 글쓰기는 바로 그런 호흡을 조율하는 좋은 방법일 것입니다. 쓰기를 통해

자신과 대화하고, 그 속에서 한 발짝 물러서 여유를 찾는 순간,
우리는 비로소 삶의 진정한 리듬을 느끼게 될 것입니다.

8

징검다리 총.총.총 글쓰기

글쓰기는 사회적으로 용인되는 형태의 정신분열증이다.

— E.L. 닥터로

"보잘것없으나 이게 내가 사십여 군데의 일터를 겪으며 얻은 미립이다. (중략) 일을 잘해도 못해도 삶에 대한 미립은 남는다."

— 민바람. 『낱말의 장면들』

도대체 '미립'이라뇨. 듣도 보도 못한 단어였습니다. 이런 글을 보면 말입니다. 자꾸 위축되고 쪼그라듭니다. 제가 글 쓰는 자격이 되나 자꾸 되물을 때가 있습니다. 그리고 어떤 술술 읽히는 책을 보다가 덮고 중얼거립니다. '죽었다 깨어

나도 이런 글맛의 책은 쓰지 못할 거야.'하고 말입니다. 거의
차렷 경례하고 읽을 수준이고 하나하나 손으로 짚고 읽어야
만 작가가 왜 그 단어를 썼는지 이해할 수 있으니까요. 도대
체 그들은 어떤 삶을 살고 무슨 경험이 켜켜이 쌓였길래 글
에서 이렇게도 풍미가 흐르는 건지 자못 궁금해집니다.

『최소한의 이웃』의 저자 허지웅은 그럼 경험이 많으면 더
나은 사람이 되는 거냐고 묻습니다. 그는 그렇기도 하고 그
렇지 않다고 합니다. 더 많은 경험을 재료로 사유하고 자신
을 갈고닦는 사람이 있다면, 똑같은 양의 경험을 비춰 봤을
때 잘못된 판단을 하여 일을 이상하게 만드는 사람도 있다
는 겁니다. 글쓰기도 마찬가지입니다. 살아온 경험이 다채
롭다고 글감이 많을까요?

글감의 양을 논하기 전에 우리는 본인과 많은 대화가 전제되
었냐를 우선 따져봐야 한다고 생각합니다. 그 경험을 쉬이 흘려
보내지 말고 쌓아놓고 보는 겁니다. 내 마음이 어떤지 나를 들
여다보며 일종의 마음공부를 하는 겁니다. 그 과정을 통해 드
디어 글이 탄생하게 되는 거죠. 내 현재 수준과 내 기대 차이를
차분히 좁혀가는 것, 그게 글쓰기의 첫걸음입니다.

유미의 『글쓰기에 진심입니다』에서 '징검다리가 끊기지 않도록' 부분에서 고개를 끄덕였는데, 제가 오래전부터 글을 쓰고 싶었다고 하면 주로 주위 반응은 다음과 같았습니다.

"글 써서 돈을 벌기 쉽지 않아."의 부정적 인식
"우리나라 사람들 진짜 책 안 봐."의 팩트 폭격
"그거 가지고 뭐하게? 뭐 유명해지게?"란 자의적 해석

저자는 정세랑의 『피프티 피플』을 빌어 글을 쓰든 그 무엇을 하든 우리가 하는 일이 돌을 멀리 던지는 일이라는 착각부터 하지 말라고 합니다. 그냥 우리는 모두 징검다리일 뿐이라고요. 저는 우리와 누군가를 잇는 다리라기보다는, 앞서 언급한 제 현주소와 제 예상치를 연결하는 것이라 생각합니다. 그것이 진정한 '글쓰기'의 의미입니다.

타인에게 판매되는 상품으로서의 글, 즉 인세와 명성을 추구하는 출판적 행위는 별개의 영역입니다. 그런 맥락에서 글쓰기는 단순히 결과물이 아닌, 나의 위치를 점검하고 앞으로의 계획을 세우는 과정입니다. 이러한 점에서 끼적이는 글쓰기부터 시작해보시기를 권장합니다. 이를 통해 여러분

의 생각과 감정을 정리하고, 자신의 여정을 새롭게 조명할 수 있을 것입니다.

9

쓰기도 기세야, 기세

규칙적이고 정돈된 삶을 살아라. 그러면 맹렬한 기세를 떨
치며 독창적으로 일할 수 있다.　　　　– 귀스타브 플로베르

아들은 야구, 남편은 골프, 오롯이 저 혼자 있는 일요일
오전 책을 덮고 스르르 감긴 눈에 뭐가 섬광처럼 스치고 지
나가는지 가까스로 힘주어 떠봅니다. 봄바람 살살 부니 다
시 글을 써야겠다는 기세 충만함이 온몸을 감쌌습니다. 한
동안 땅속으로 기어들어 가기 일보 직전의 한없이 차분했던
마음에 한 문장이라도 끼적이게끔 글쓰기 미동을 일으키는
카피라이터 이승용의 『헛소리의 품격』에서 유독 눈에 들어
온 건 다름 아닌 '기세'.

저자는 아이디어나 생각이란 게 실패할지 성공할지는 아무도 모르기 때문에 스스로 괜찮다는 생각이 든다면, 그것만으로도 충분하다 했습니다. 안타깝게도 실패를 끝내 받아들이려면, 겁 없이 달려가고 들이대는 '기세'가 카피를 쓰는 저자에게 정말이지 중요하다는 것이었습니다. 그런데 기세엔 희한하게 양면성이 있습니다. 우리가 흔히 사용하는 기세는 기운차게 뻗치는 모양이나 상태를 말하며, 남에게 영향을 끼칠 기운이나 태도이나 사전을 좀 더 찾아보면, 세상을 버린다는 뜻으로도 쓰입니다. 물론 한자 표기가 다르지만, 웃어른이 돌아가심을 이르는 의미로 세상을 멀리하여 초탈함, 서거, 죽음, 별세와 같은 말이란 걸 이번에 처음 알게 되었습니다.

증권가나 바둑계에서 쓰이는 기세는 전자의 의미로 쓰입니다. 증권가에선 기세를 매매계약이 성립되지 않았을 때의 호가로 직전 시세에 비해 가장 낮은 매도호가 또는 가장 높은 매수호가로 여깁니다. 바둑에선 득실의 결과를 불문하고 위압적으로 두는 걸 기세라고 하죠.

기세는 실속 없이 겉으로만 드러나는 허세와는 본질적으

로 다릅니다. 남에게 보여주기 위한 허세는 결국 흐지부지한 결말로 이어지기 마련입니다. 그러나 기세는 그 자체로 강력한 에너지를 지닙니다. 모 아니면 도라는 태도를 담고 있으며, 이는 옹골찬 단단한 기품이나 심리 상태로 이어져 설득력 있는 카피나 글쓰기를 탄생시킵니다. 기세는 뻗어 나가기도 하고, 때로는 웅크리기도 합니다. 이처럼 활짝 펴거나 사그라지는 모습은 애매함과 오묘함의 경계를 넘어 좀 더 명확하고 분명한 선택을 요구합니다. 결국 기세는 우리의 표현이 보다 뚜렷해지도록 이끌어주는 중요한 요소라고 할 수 있습니다.

『소로의 문장들』의 저자 헨리 데이비드 소로가 말한 것처럼 생각을 냉정하게 분석하기보다 그 순간 떠오르는 생각들을 따라 적어 내려가는 것이 글쓰기의 본질입니다. 이는 바로 기세가 작용하는 순간입니다. 즉 우리가 느끼는 충동이나 열정은 단순한 감정이 아니라, 그 자체로 글쓰기에 동기를 부여하는 원동력이 됩니다. 앞서 말한 쇼펜하우어의 '쓰면서 생각하는 저자'와 흡사하다고 봅니다.

현재 저는 평소 공부하고 싶었던 문헌정보학 과목 수강으로 인해 글쓰기를 잠시 쉬어가는 동면기에 들어갔습니다. 하지만 봄의 기운이 내 마음을 다시 일으켜 세우는 것처럼, 이 시기를 잘 넘기면서 생각을 정리하고 글로 표현해 나가고 싶습니다. 미세먼지처럼 뿌옇고 자욱한 현실 속에서도 기세를 끌어올려 글쓰기를 지속해야겠다는 결심이 더욱 굳건해집니다.

결국 기세는 지금 이 순간, 우리가 글을 쓰고 싶다는 갈망으로 발현됩니다. 글쓰기의 기세가 발휘될 때, 그것이 바로 쇠뿔을 단김에 빼야 하는 순간이 아닐까 싶습니다. 그러니 지금, 글을 써야 할 시간입니다.

10

불안과 담백 사이의 삽질

글을 쓸 때는 모든 것을 내려놓아라. 당신의 내면을 표현하기 위해 단순한 단어들로 단순하게 시작하려고 노력하라.

– 나탈리 골드버그

"어떻게 본인의 글을 쓸 생각을 다 했어요?"

두 권의 책을 내니 종종 이런 질문을 받곤 합니다. 주로 남의 연설문, 기고 등을 써왔던 제게, 언제부터인지 나만의 글을 쓰고 싶었던 건 내 안의 불안을 정리하고 싶었기 때문입니다. 글쓰기는 마치 한방신경정신과에서 맞았던 머리 침과도 같았습니다. 온갖 걱정이 머릿속을 휘저으며 정신을 흐트러뜨리고 초조함으로 아무것도 할 수 없게 만들 때, 글쓰기는 온전히 저로 집중하게 해주었습니다. 그래서 저는 글을 끼적이며 마음을 다스릴 수 있었습니다.

『담백하게 산다는 것』의 저자 양창순도 비슷한 이야기를 합니다. 불안하다는 현 상황을 글로만 써보아도 도움이 된다고 했습니다. 초조의 원인과 걱정을 있는 그대로 적어보고, 해결 방안을 찾아보는 것도 좋다고 합니다. 그렇게 하는 것이 도움이 되는 데에는 나름의 이유가 있다고 했습니다. 그 과정에서 언어 능력에 해당하는 좌뇌가 일해서 나름대로 차분함 정도는 되찾을 수 있다고 말이죠.

이직 후 정신없이 지나온 며칠, 쉽게 자리를 옮긴 것이 아닌가 하는 불안감이 온몸을 휘감고 있습니다. 똥차를 피하려다 다시 늪에 빠진 것은 아닌지 여러 가지 생각이 들었습니다. 결국 이 상황에서 벗어나기 위해 걷고 또 걷다가 짙은 커피를 앞에 두고 책상에 앉았습니다. 정여울의 『비로소 내 마음의 적정온도를 찾다』에 따르면, 걷는 것이 열망과 걱정으로부터 나를 거리를 두게 해 준다고 합니다. 글쓰기도 마찬가지입니다. 나를 움켜잡고 있는 상념들로부터 내가 원하는 만큼의 자유를 느낄 수 있습니다.

불안으로 가득한 마음을 담백하고 차분한 상태로 이끌어 가는 방법은 이미 구체화되어 있습니다. 이제 남은 건 실천과 실행입니다. 마음이 복잡하고 걱정이 많을 때, 한숨만 내쉬며 주위에 좋지 않은 기운을 퍼뜨리기보다는 차라리 글쓰기에 몰두해보는 게 어떨까요? 백 번 머리를 싸맨다고 해결책이 저절로 생기지는 않으니까요.

스웨덴 속담에 "걱정은 종종 작은 것에 큰 그림자를 준다."라는 말이 있습니다. 우리도 글쓰기를 통해 그 커다란 그림자를 깨끗하게 걷어내 보자는 겁니다. 그리고 잊지 맙시다. 걱정하고 불안해만 한다고 일이 해결되면, 세상 사람들 모두 시름시름 앓고 오들오들 떨고 있겠죠.

그러니 귀한 시간, 한숨 쉬느라 낭비하지 말고, 차 한 잔을 곁에 두고 책상 앞에 조용히 앉아봅시다. '쓰기'는 결국 흔들리는 여러분을 붙잡아 줄 겁니다.

11

쏟아지는 감정을 주워 담다

참된 창조자는 가장 흔해 빠지고 미천한 것에서 주목할 만
한 가치가 있는 뭔가를 늘 발견할 줄 아는 사람이다.
— 이고르 스트라빈스키

"글을 쓰는 일은 내가 말로 표현할 수 없는 다채로운 감
정의 근육을 건드리는 시간이다." 이 문장은 이승희, 김규
림 작가의 『일놀놀일』에서 발견한 반짝이는 보석과도 같습
니다. 사실 이 책은 제 일에 대한 복잡다단한 감정을 심하게
자극했습니다. 제목부터 크게 공감하지 못한 상태에서, 일
하면서도 놀듯이 즐겁고 유쾌하게 모든 것을 대하자는 저자
의 제안을 쉽게 받아들이지 못했던 것 같습니다.

읽으며 떠오른 것은 전직 농구선수이자 현직 예능인인 서장훈이었습니다. 농구 한 경기를 치르면 3킬로그램이 빠질 정도로 혼신의 힘을 다하는 그는 "세상에 어떻게 일을 즐길 수 있는지 이해할 수 없다."고 했습니다. 무슨 일이든 마무리하려면 반드시 대가를 치러야 하고, 그것은 엄청난 에너지를 들이는 몰입인데 말입니다. 저도 치열하게 일을 해치우고 통렬하게 개운함을 느끼는 스타일이기 때문에 유독 그의 말이 와닿았습니다.

한국 농구 역사상 최고의 센터로서 실업 무대에서 프로 리그에 이르기까지 최고의 자리를 지켰던 그가 치열함의 끝에서 새로운 삶을 시작했습니다. 예능인으로서 매주 연지곤지를 찍고 여장을 마다하지 않는 모습은 한없이 내려놓는 격변의 상징이기도 합니다. 이는 아마도 극한의 몰입을 통해 경험한 시간이 있기에 가능하지 않았을까요? 그 과정을 통해 그는 자신의 여정에 일말의 후회나 미련이 없음을 짐작할 수 있었습니다.

저 역시 "좋아하는 것을 즐기며 해보라."는 조언에 왠지 모를 이질감을 느껴왔습니다. 오히려 글을 통해 내면의 감정을 토해내는 것이 자연스러운 방법입니다. 아마도 많은 사람은 제가 일에 지나치게 몰입하고 진지하게 임하는 모습을 미련하거나 어리석다고 생각할지도 모르지만, 저는 이 우직한 길을 선택했습니다. 때때로 형용할 수 없는 감정이 밀려올 때면, 키보드를 두드리며 그 감정을 글로 담아내는 것으로 제 자신을 지탱해 가려 합니다. **이러한 글쓰기는 저에게 있어 취미나 여가가 아닌, 내면의 갈등을 풀어내고 진정한 나를 발견하는 소중한 과정이 되어주었습니다.**

회사에서 제가 맡은 조직이 없어질 것이라는 소식이 들려왔습니다. 회사의 주요 사업 상황이 어려워 더 이상 제가 할 일이 없을 수도 있단 이야기였습니다. 하지만 그럼에도 불구하고, 저는 영문 스크립트를 작성해 영상을 만들고 있었습니다. AI 영상 속 스피커의 얼굴을 아시안 남성으로 할지, 아니면 제시카 알바를 닮은 여성으로 할지 고민하면서 말입니다. 곧 있을 전시회에 취재기자를 섭외하는 전화를 돌리는 것도 멈추지 않았습니다. 내일 그만두더라도 결국 해야 할 일은 해야 하니까요.

우리의 글쓰기도 마찬가지입니다. 어떤 불확실성 속에서

도, 우리가 당장 무엇을 해야 할지 몰라도, 무엇을 향해 나아가고 있는지 명확하지 않더라도, 꾸준히 써나가는 것. 그것이 지금 우리에게 가장 중요한 일입니다. 그렇게 오늘도 그리고 내일도 계속해서 쓰고 일하는 삶을 이어가야 할 것입니다.

2장

담금질로

완성되는

문장의 힘

글 쓰는 데 필요한
자존감과 시간 관리

바빠도 글을 쓸 수 없다는 사람은 시간이 있어도 글을 쓰지
못한다.
― 찰스 램

평일에는 공무원으로 일하면서 주말에만 그림을 그려 '일
요화가'라는 비아냥을 받았던 이가 있었습니다. 바로 19세기
프랑스의 화가, 앙리 루소입니다. 그는 원시적 화풍과 늦깎
이 작가 생활로 당시 비평가들의 비웃음 대상이었지만, 이
에 굴하지 않고 자신만의 화풍을 확립해 결국 빛을 보았습
니다. 남들이 뭐라 하든 말든 그는 자신을 훌륭한 화가라고
믿어 의심치 않았다고 하는데, 그 고집은 어디에서 출발했
을까요? 아마도 자신이 위대한 화가가 되리라는 굳은 신념

에서 비롯된 것이 아닐까 생각합니다.

그는 49세에 은퇴하여 전업 화가가 되었지만, 그 이전까지는 가족을 부양하기 위해 직장을 다니며 그림을 그리기 위한 꿈과 현실을 양립해왔습니다. 그런 삶 속에서 그는 자존감을 잃지 않고, 결국 목표를 이루었습니다. 제가 좋아하는 1910년 그의 작품 〈꿈〉을 보면 몽환적인 풍경 속에서 마치 그의 꿈을 응시하는 짐승의 눈이 느껴집니다. 이는 그의 간절한 열망이 시각적으로 표현된 것처럼 보입니다. 마치 앙리 루소가 화가가 되고자 하는 본인의 꿈을 바라보는 묵직한 시선 같다는 생각이 듭니다.

그림을 한 번도 배운 적 없어서 오히려 자신만의 특이한 화풍을 일궈낸 직장인 화가 앙리 루소를 왜 갑자기 이야기하냐고요? 5년 넘게 1년에 200권 넘는 책을 읽고 두 권의 책까지 냈다고 하면 시간이 남아도냐는 질문을 많이 받는데요. 그때마다 꼭 해드렸던 말씀은 시간은 누구에게나 24시간이 주어지지만, 어떻게 활용하느냐가 중요하다는 겁니다. 그처럼 자신만의 품과 시간을 들여 자신을 발전시킬 수 있다면, 우리도 그만큼 더 많은 것을 이룰 수 있습니다. 글쓰기를 전문적으로 배운 적이 없는 저 역시, 시간을 쪼개어 책을 읽고 글을 쓰는 과정을 통해 점차 달라지고 있다는 것을 느끼고 있으니까요.

책은 그 책을 쓴 사람을 온전히 이해하게 해주고, 독서는 마치 그 사람을 만나는 것과도 같습니다. 글자 너머의 세상에 들어가 그 안에서 자기 생각과 느낌을 정리해보는 것은 정말로 값진 경험입니다. 이를 위해서는 마치 북극한파 속에서도 얼음 가득 아이스 아메리카노를 고수할 줄 아는 결단력이 필요합니다.

삶은 각자에게 중요한 것을 알아가고 그것을 지키기 위해 싸우는 과정일 것입니다. 이 긴 여정 속에서 타인의 노력과 결과를 함부로 판단할 수는 없습니다. 『지구에 처음 온 사람처럼』의 저자 전유성은 백남준 작가의 작품 전시회에서 이런 글을 봤다고 했습니다. "모든 도박에서 100% 이기는 방법이 있다. 규칙은 자기가 만들면 된다."

『굶주린 마흔의 생존 독서』에서도 이야기했듯이, 책을 보고 글을 쓰는 것은 유토피아나 천국에서만 가능한 일이 아닙니다. 시간이 부족하다는 핑계는 그만두고, 당장 자기 생각을 한 줄이라도 적어 보는 것이 중요합니다.

앙리 루소가 단단한 자존감 하나만으로 화가의 길을 묵묵하게 걸었던 것처럼 우리도 쓰기의 첫걸음을 내디뎌 볼 수 있습니다. 각자의 상황과 제약 속에서도 끈질기게 자신의 꿈을 추구하며, 끊임없이 노력하는 삶을 살아가는 것이야말로 자신을 발견하고 성장하는 길일 것입니다.

2

곳곳에 쓰기 장치를 심다

글을 쓰고 싶다면 종이와 펜 혹은 컴퓨터, 그리고 약간의
배짱만 있으면 된다.   – 로버타 진 브라이언트

"인격은 당신의 말, 행동, 옷차림, 당신이 쓴 글, 심지어
당신의 생김새 등 모든 면에서 드러난다. 결코 숨길 수도 위
조할 수도 없다. 숨길 수 없지만 고칠 수 없는 것도 아니니
희망을 잃지 마라. 인격 또한 하나의 습관이기 때문이다."
이 말은 가치투자의 대명사로 불리는 워런 버핏의 명언입니
다. 인격이 습관이라니, 그 의미를 되새겨보면 실로 깊은 통
찰을 제공합니다.

만약 하루에 정해진 양의 글을 쓰지 않았다고 해서 그것

이 큰일은 아닐 수 있습니다. 그러나 그런 하루는 내가 원하는 인생을 계획대로 살지 않았다는 의미를 내포합니다. 이는 곧 나 자신과의 약속을 지키지 못한 것이기도 합니다. 코미디언 김영철은 어느 유튜브 채널에서 행복해지는 핵심 방법을 깨달았다고 했습니다. 그의 이야기 속에는 아침 일찍 일어나기, 전화 영어와 같은, 그가 마음먹은 대로 삶을 이끌어가기 위한 필수적인 장치가 존재합니다.

이처럼 인생의 규칙이나 계획을 지키기 위해서는 꾸준함이 필요합니다. 마치 가랑비에 옷이 젖듯이, 매일 10분이든 20분이든 자신이 정해놓은 대로 살아가는 것이 중요합니다. 이러한 일상이 쌓여 인격을 형성하고, 더 나아가 진정한 자아를 이뤄가는 과정이 될 것입니다. 결국 인격은 우리 행동의 연속이며, 그것을 통해 우리는 더 나은 삶을 영위할 수 있는 기회를 만들어갈 수 있습니다.

저는 습관 형성 애플리케이션을 사용합니다. 소액의 적립금을 걸고, 정해진 시간에 글쓰기나 기록, 정리 등의 활동을 합니다. 알람을 설정해 그 시간을 잊지 않도록 하고 있습니다. 이렇듯 나와의 약속을 지키지 못한 날에는 죄책감이 밀려와 잠을 설칠 때도 있죠. 너무 스스로를 감옥에 가둬놓고 닦달한다 생각할 수도 있습니다. 하지만 저의 MBTI가 ENTJ인 만큼 그럴 수밖에 없습니다. 이렇게 애꿎은 성격 유형을 탓하다가도, 다나카 히로노부의 『글 잘 쓰는 법, 그딴 건 없지만』을 읽으며 제 수고와 노력에 대한 작은 위안을 삼기도 합니다. 그는 말합니다. "무릇 인간이란 타인의 인생을 살아선 안 된다. 우리는 우리만의 인생을 사는데, 그 방법의 하나는 역시 글쓰기다."

생각해 보면 글쓰기는 진정한 나를 위한 한 걸음 같습니다. 김우정의 『기획자의 생각식당』에서는 진정성을 두고 "작은 일에도 최선을 다하는 마음"이라고 했습니다. 이야기가 되지 못하면 기억되지 않으며, 기억되는 힘이 진심이라고 강조합니다. 이성과 진심이 만나면 진정성이 태어나고, 진정성은 말하지 않아도 전해지는 진짜 마음이라고도 했습니다. 세상의 모든 감동은 진정성에서 비롯된다는 것입니다. 그렇다면, 마음을 다한 우리의 글쓰기는 진정한 우리를 위한 진일보라고 확신해도 좋을 것 같습니다.

여러분, 어떤 나로 차곡차곡 쌓이고 싶으신가요? 아직도 오락가락 헤매고 계신다면 글쓰기 습관을 생활에 심어보세요. 그 작은 시간이 켜켜이 쌓여, 이윽고 여러분의 브랜드가 만들어질 것입니다. 믿어보세요. 여러분의 서사를, 여러분의 이야기를, 여러분의 진짜 자신을 말이죠.

그런데도 깃털 같은 의심이 복잡한 머릿속 한편에 아직도 남아 있다면, 데이터 전문가 송길영의 이야기를 잠시 눈여겨보시는 것은 어떨까요? 그의 저서 『시대예보: 핵개인의 시대』에서는 미래학자 다니엘 핑크를 빌려 '서사'에 대해 이야기합니다. 다니엘 핑크는 『파는 것이 인간이다』에서 '모든 인간은 자기 세일즈를 해야 한다.'라고 말합니다. 그가 생각했을 때 가장 경쟁력 있는 상품은 바로 '서사'입니다. 각자의 서사는 권위의 증거이자 원료이며, 성장과 좌절이 진실하게 누적된 기록으로, 오직 시간과 진정성으로 만들어진다고 강조합니다.

만약 지금껏 본인의 서사를 외면해왔다면, 지금부터라도 자기만의 플랫폼에 한 자 한 자 꾹꾹 눌러 적어보세요. 글쓰기로 작은 꽃들을 찬찬히 심어보는 것입니다. 반려 식물을 정성스레 키우는 식집사처럼 말이죠. 시간이 흐르면 어느덧 그 공간은 나만의 화원이 되고, 남들이 찾을 수 있는 식물원이 될 수도 있습니다. 문득 여러분 앞에 프리지아 한 다발을 드리고 싶습니다. 프리지아의 꽃말은 '새로운 시작을 응원합니다.'입니다. 바로 지금부터 시작하세요. 잊지 마세요. 이것이 진정한 나로 향하는 길이라는 것을.

3

작은 메모,
그 첫 시작은 가볍게

좋은 작가란 기본적으로 스토리텔러다.　　－ 아이작 싱어

그래, 글쓰기의 중요성은 알겠다. 근데 도대체 뭐부터 쓰냐고 의심 어린 눈초리로 바라보는 분들에게 하는 말이 있습니다. 바로 '작은 메모'.

김영민의 『공부란 무엇인가』에서 아이작 아시모프의 창의성에 관한 이야기를 인용하면서, 두 개의 생각을 연결해야한다는 점을 언급한 것이 특히 흥미롭습니다. 창의성은 여러 경험과 사고의 결합에서 비롯되는데요. 여기서 주목해야할 점은 하나의 생각이 아니라 두 개의 생각이 복수의 생각

을 전제하고 있다는 사실입니다. 오만 가지 잡다한 생각을 다 해야 창의적일 수 있습니다. 그러려면 다양한 경험을 해야 하고 생각과 합쳐지고 용기와 유연성까지 더하면 창의성이란 게 태어납니다.

결국 창의적이라면 참 여러 가지 전제가 갖춰져야 합니다. 그러려면 우린 많은 준비와 노력이 필요합니다. '글쓰기'의 기초공사에 창의성이 바탕이 되어야 한다고 하는 분들에게 어쩌면 이는 일종의 안도감을 주는 내용일지도 모르죠. 그래서 기발하지 못하고 그다지 새롭지 않은 우리는 글을 쓸 수 없고, 쓸 게 없다고 할지 모릅니다. 단언컨대 '뭘 모르고 하는 소리'라 냉정히 이야기해드리고 싶습니다. 창의적일 때까지 기다릴 필요가 전혀 없습니다. 완벽하고도 절체절명의 시점 같은 건 영원히 오지 않을 수도 있습니다. 그 이야기를 하는 마음의 소리를 잘 들어보세요. 어쩌면 어떻게든 쓰지 않으려고 하는 비겁함에서 비롯된 것일 수도 있습니다.

특히 작은 포스트잇에 목표를 적고, 그것을 눈에 띄는 곳에 붙여놓는 건 일상에서 쉽게 실천할 수 있는 좋은 방법입니다. 그런 작고 지속적인 습관이 결국 더 큰 변화를 만들어냅니다. '나는 매일 아침 6시에 A4 1장의 글을 적겠다.' 물론 얼굴 붉히고 창피한 날들도 있을 겁니다. 누군가 물어보기도 하겠죠. "오늘은 왜 쓰지 않았냐?", "어제 술 먹고 늦게 들어오니 오늘 글은커녕 늦잠이나 자는 거 아니냐?" 그런 말들에 크게 동요하지 말고 뻔뻔하게 더욱 보란 듯이 동네방네 떠들고 다니세요. 나는 이래 봬도 매일 글을 쓰는 사람이라고 여기저기 판을 키워보세요. 그럼 뭔들 쓰지 않겠는지요.

이렇게 작은 메모가 결국 여러분의 삶의 궤적을 바꿀 거라 생각합니다. 물론 여기서 멈추면 안 되겠죠. **메모지에 인상 깊었던 문구, 쪽수, 그리고 자신의 생각을 적어보세요. 물방울이 모여 강이 되고 바다가 되는 것처럼, 이런 메모들이 모여 여러분의 글쓰기가 되고, 결국 삶을 변화시킬 것입니다.** '작은 것부터 일단 시작하라.'고 감히 말씀드린 오늘, 아침 6시에 일어나 새벽 1시 넘어서까지 읽었던 책들을 정리하면서 끼적이고 있습니다.

팀 페리스의 『타이탄의 도구들』에서 제가 제일 좋아하는 세스 고딘이 이런 말을 합니다. "우리가 가능하다면 큰 걸

고르고 싶어 한다. 큰 것 속에는 숨을 곳이 많기 때문이다. 성공하고 싶다면 절대로 숨어 있지 마라. 사람들이 당신을 찾을 수 있는 장소에 항상 있어라." 그 작은 메모에 숨겨질 우리의 덩치가 아닐 거니와 그리고 우린 결국 쓰게 되어 있다고 말씀드리고 싶어요. 웬 운명 결정론이냐고요?

아리스토텔레스의 "인간은 이야기하는 동물"이라는 말처럼, 우리의 삶 자체가 스토리텔링이라는 인식은 정말 깊이 있는 통찰입니다. 결국 글쓰기는 어렵지 않다는 것을 깨닫고, 그 시작을 작게라도 할 수 있다는 믿음이 중요합니다. 앞으로도 그런 작은 메모와 함께 글쓰기를 이어간다면, 분명 큰 변화가 찾아올 것입니다. "작은 것부터 시작하라."는 조언, 마음 깊이 새겨 두길 바랄게요.

변한다의 독서기록

1) 인상 깊은 문구나 기억하고 싶은 문장을 적는다.

2) 이 책을 읽게 된 이유

3) 1)번에 대해 나의 경험을 덧붙이고 깨달은 바를 추가해서
   적는다.

4) 이 책의 총평, 느낌

byun.junghyun 🖤 독서의 기록

P. 138
많은 사람이 독서를 하는 행위만으로 변화를 바란다. 하지만 그건 걸음마에 불과하다. 가장 중요한 건 독서 후 실행이다. 실행하는 힘은 기록으로부터 시작한다.

지난 주말 @smimtwim_bookstore 스밈트임 대표님께서 <독서의 기록> 을 추천하셔서 구매해 잘 읽었다.

나 역시 술도 먹어보고 영화도 보고 음악도 듣고 산책도 하고 이것저것 다 해봤지만 허하고 구멍난 마음엔 책읽기와 글쓰기 만한게 없더라고.

독서에 대한 이야기를 지나, 구체적으로 실현가능한 방법들이 녹아져 있으니 독서로 뭘 해보겠다는 분들은 보면 도움이 될 것이다. 네이버 인플로언서라든지, 작지만 알찬 수익을 낸다는지, 협동으로 책읽기를 한다는지 등

인상깊었던 것은 일주일에 5권 책읽기보다 블로그 포스팅 예약발행이었다. 책읽고 기록남기고 그리고 나눠서 주기적으로 예약발행한다는 것, 정교하다. 정말 그나저나 나도 이 책을 보고 네이버 인플로언서에 신청했다. 궁금하다. 그 결과가.

P. 177
나탈리 골드버그의 <뼛속까지 내려가서 써라>에서는 글을 쓴다는 건 자신의 인생을 충실하게 살겠다는 뜻이라고 했다. 글쓰기를 하지 않는다고 인생을 충실하게 살지 않았다는것은 아니지만, 기록하지 않고 사는 인생은 즉흥 연기를 하는것과 같다고 생각한다. 글쓰기는 자기 인생을 돌아보면서 이를써내려 가는 것이고, 이 과정이 완료되면 일상도 리뷰처럼 써나갈 수 있다. 중요한 점은 본인이 가장 잘 알고, 가장 쓰고 싶고, 술술 써지는 경험을 한 것부터 해야 쉽게 시작할 수 있다는 것이다. 글을 쓴다는 것은 나의 삶을 충실히 살겠다는 다짐이다. 일상에 대한 리뷰가 쌓이면 1권의 책이 된다.

#독서의기록 #퍼블리온 #문해력 #자기계발 #책읽기 #인문학 #직장인독서 #직장인책

안예진, 『독서의 기록』, 변한다 인스타그램에서

4

쓰기에 대한 어떤 몰입

인류에 대해 쓰지 말고, 한 인간에 대해 쓰라. ― E.B. 화이트

"읽기란 단순히 글에 적힌 정보를 머릿속에 옮겨 놓는 행위가 아니라, 접어둔 부채를 펼치고 거기서 얻은 것들을 내 안에서 상상력으로 재현하는 것"이라고 합니다. 이 문장은 정승연의 『세미나책』에서 제가 크게 공감했던 부분입니다. 단순히 정보를 흡수하는 차원을 넘어, 글 속에 담긴 의미를 재창조하는 과정이 독서의 진정한 가치를 더욱 풍요롭게 해 주지요. 문장을 천천히 곱씹으며 저자의 의도를 이해하려는 태도는 말 그대로 "읽는 맛"을 느끼게 되는 순간으로 연결됩니다.

이렇듯 제대로 읽는 일은 사실 제대로 쓰는 일과 크게 다르지 않습니다. 글을 읽고 쓰는 동안 우리에게 필요한 것은 무엇보다 정교한 질문을 던지는 태도일 것입니다. 저자가 전하는 메시지의 중심뿐 아니라, 그 주변에 드리워진 배경에도 주의를 기울이는 것이 중요합니다. '그림자가 있는 곳에 실체가 따르듯이'라는 뜻의 영형상수(影形相隨)처럼, 글의 겉으로 드러난 의미뿐 아니라 그 뒤에 숨겨진 뉘앙스와 배경까지 세밀히 살펴볼 때, 우리는 글의 참된 모습을 온전히 이해할 수 있을 것입니다.

문득 과거 386세대를 대표했던 주요 정치인들이 떠오릅니다. 그들은 한때 민주화 운동의 주역이었고, 정의와 평등, 인권과 같은 '위대한 가치'를 쫓으며 거대한 담론에 몰두했으며, 대의를 위해 헌신했던 세대였습니다. 지금의 사회가 요구하는 방향과는 점차 동떨어져, 그들은 더 이상 정치를 하지 않겠다고 선언하며 용퇴하기도 했는데, 이는 당연한 결과처럼 보였습니다. 오늘날 부동산, 금융투자 소득세 같은 구체적이고 생활 밀착형 문제들이 주요 정치적 이슈로 떠오르고 있는데, 이들의 역할은 자연스럽게 변화의 필요성을 실감케 한 것입니다.

그동안 우리는 '위대한 것'에만 집중하고, 작고 세세한 것들을 하찮게 여긴 것은 아니었는지 되돌아볼 필요가 있습니다. 큰 담론에 가려진 작은 일상의 문제들, 그리고 그것을 해결하는 성실함과 세심한 배려를 우리는 혹시 놓치고 있었던 건 아닐까요?

이러한 맥락에서 우리의 '쓰기'도 크게 다르지 않다고 생각합니다. 글을 쓸 때, 우리는 작은 디테일부터 진정으로 집중해야 합니다. 단단하고 옹골찬 나뭇가지와 잎사귀 하나하나, 그 속까지 들여다보며 의미를 읽어내야만, 그 글이 진정으로 무엇을 말하고자 하는지를 파악할 수 있습니다. 큰 그림만을 바라보는 것으로는 결코 본질을 알 수 없습니다. 작은 부분에 몰입하고, 그 작은 것들을 통해 전체의 의미를 보태는 것이야말로 글쓰기를 완성하는 길입니다.

물론 이 과정에는 '인내심'이 필요합니다. 작은 것에 몰입하는 깊이 있는 경험적 쓰기는 결국 우리를 키우는 영양분이 됩니다. 그래서 야무지게 쓰기 위해서는 허풍을 일삼는 사람보다는 작은 디테일을 꼼꼼히 살피는 '쪼잔한' 사람이 되어도 좋다는 생각이 듭니다. 그 작고 세밀한 것들 속에서 진정한 아름다움을 찾는 것이 중요하니까요. "작은 것이 아름답다."란 에른스트 슈마허의 말이 유독 떠오르는 깊은 밤입니다.

5

당신의 글쓰기는 담박한가요?

난 한 문장, 한 아이디어, 한 이미지를 갖고 시작한다. 그리
고 그것을 따라간다.　　　　　　　　　　　　　　　－ 데이빗 라비

담박하다.

손웅정의 『모든 것은 기본에서 시작한다』라는 책에서 처
음 접한 단어, '담박하다'라는 표현이 제 마음을 깊이 울렸습
니다. 이 단어는 욕심이 없고, 마음이 깨끗하며, 아무 맛도
나지 않고 싱거운 상태를 의미합니다. 단순하고 단출하게
마음을 비운 상황을 말하지요. 저자는 사람이 살아가는 데
꼭 있어야 할 것은 따지고 보면 그리 많은 것이 필요하지 않

다고 강조합니다. 바탕과 기본만 확실히 갖춘다면, 적어도 사람 구실은 할 수 있다고 했습니다. 그래서 '담박하다'라는 표현이 더욱 찰떡같았습니다. 결국 본질은 기본이기 때문입니다.

저자는 '담박함'을 지키기 위해 축구로 치면 공을 자유자재로 다루는 훈련을 강조합니다. 이는 축구에만 국한된 것이 아니라 우리의 삶 전반에 적용될 수 있는 원리라고 생각합니다. 이와 같은 맥락에서 '무인양품'이 떠올랐습니다. 디자인하지 않는 디자인, 무작위의 작위, 아무것도 없지만 모든 게 있는 평범한 비범함을 추구하는 철학은 매우 인상적입니다.

무인양품은 지구 차원에서 소비 시대의 미래를 관통하는 시각을 갖고 최적의 소재와 제조 방법, 그리고 태도를 모색하면서 지혜를 삶의 형태로 드러내고자 했습니다. 때문에 수많은 사람이 '그렇구나!'라고 공감하며 이성적인 만족감을 얻을 수 있는 상품을 통해 생활의 '기본'과 '보편'을 계속 제시한다고 합니다. 기본과 보편은 우리에게 무척이나 일상적이고 친근한 가치인데도, 종종 잊거나 다른 어지러운 것들로 인해 보이지 않고 쉽게 가려질 때가 있습니다.

기본과 보편을 추구하는 무인양품의 사상은 카피라이터의 본연의 임무와도 매우 유사합니다. 전하고 싶은 메시지는 줄이고 또 줄여서 딱 한 단어로 만들어 제품과 연상되는 그 핵심만 기억하게 만드는 일이 얼마나 어려운지 우리는 잘 알고 있습니다. 그 과정에서는 이른바 '척'이 통하지 않습니다. 아는 척, 그런 척, 모른 척, 그렇지 않은 척… 어떻게든 그럴듯하게 포장하고 과장하고 예쁘게 담아보려 해도, 결국 그 억지스러움을 겪는 이들은 나중에 다 알게 됩니다. 그리고 공감조차 불가능하지요.

그래서 글 쓰는 이들에게 '담박하다'라는 중요한 의미를 지닙니다. 기본이라는 것은 글쓰기의 목표 세 가지, 즉 핵심을 전하고, 빠르게 전달하며, 원하는 반응을 얻는 것에 얼마나 부합하는지를 보여줍니다. 송숙희의 『150년 하버드 글쓰기 비법』에서 언급했듯, 이러한 목표가 확고할수록 글쓰기가 더욱 명료해질 것입니다.

돌이켜보면, 그동안 제가 업무로 해왔던 글들 그리고 제 책까지 얼마나 그 목적에 부합했는지를 생각하게 됩니다. 군더더기나 미사여구, 낭비적 요소를 덜어내고 알맹이는 남기며 기본에 부합하려 애썼는지 '담박하다'라는 네 글자를 보고 되새김질하게 되었습니다. 물론 바라는 것이 크고 희망의 기준이 높을수록 사실 그만큼 군소리가 많아지는 법입니다. 그러므로 이제는 담백하게 다시 기본으로 돌아가 조용히 글을 쓰는 내일을 기다려봅니다.

불안한 마흔을 위한 쓰기 노하우 2.

비즈니스 글쓰기 4가지 tip

1) 독자 이해: 글을 읽는 대상이 누군지를 반드시 이해하고, 독자의 배경과 요구를 고려해 그에 맞는 톤과 내용으로 소통한다.

2) 목적 설정: 글을 통해 독자의 행동을 유도하려는 것인지, 혹은 정보를 전달하려는 것인지 등 목적을 명확히 정해야 한다.

3) 명확한 표현: 독자가 내용을 이해할 수 있도록 비교적 쉬운 표현과 직관적인 내용이 중요하다.

4) 간결한 구성: 핵심 내용을 간단명료하게 전달하는 것이 중요하며, 두괄식으로 작성해 결론을 먼저 제시한다.

보도자료 초안

읽고 쓰며 변화하다: 변한다 작가, 세 번째 생존 시리즈 『불안한 마흔의 생존 쓰기』 출간

2024년 겨울, 20년 차 직장인이자 두 권의 책을 집필한 작가 변한다가 새로운 책, 『불안한 마흔의 생존 쓰기』를 출간했다. 이번 책은 읽기에 그치지 않고, 독자들에게 '쓰기'의 중요성을 강조하며, 글쓰기에서 얻게 되는 삶의 깨달음과 성장을 담았다.

저자인 변한다는 회사 생활과 워킹맘의 고달픔 속에서도 번아웃을 극복하며 매일 책을 읽고 글을 쓰는 루틴을 만들어왔다. 특히 10년간 지방 근무로 인해 매주 8시간이 넘는 통근

시간을 독서로 채웠고, 특히 2년간 700권 이상의 책을 읽으며 기록한 독서일기 『굶주린 마흔의 생존독서』는 읽기를 통해 고단한 삶을 풀어나가는 의지와 지혜를 담아 독자들에게 큰 공감을 불러일으켰다.

『불안한 마흔의 생존 쓰기』는 『낀 세대 생존법』, 『굶주린 마흔의 생존 독서』에 이은 저자의 세 번째 생존 시리즈다. "책을 읽는 것만으로 인생이 바뀔 수 있을까?"라는 물음에 저자는 "숨 쉬듯 읽고 쓴다. 제대로 살기 위해서."라고 답하며, 단순히 읽는 데 머물지 않고 쓰기를 통해 삶에 새로운 의미와 방향을 찾는 길을 권한다. 특히 쓰기를 주저하는 사람들에게 과감히 '쓰기'라는 바다로 당장 뛰어들 것을 권유하며, 주저함을 떨쳐내고 더 깊은 자기 탐구의 세계로 나아가기를 응원한다.

이 책은 특히 변한다 작가가 진행한 30회 가까운 북토크에서 얻은 독자들의 반응과 고민을 바탕으로 완성됐다. 읽기에서 나아가 쓰기를 실천하는 데 어려움을 겪는 이들에게 자신이 경험한 글쓰기의 기쁨과 변화의 순간들을 생생하게 전달하고자 했다. 쓰기를 통해 얻게 된 내면의 평안과 안정을 찾는 경험은 독자들에게 큰 울림을 줄 것이다.

변한다 작가는 2021년 40대 여성 직장인의 삶을 다룬 『끼인 세대 생존법』을 공동 집필해 출간했고, 이어 『굶주린 마흔의 생존 독서』로 깊이 있는 독서를 통한 성찰 과정을 공유하며 독자들과의 소통을 이어왔으며, 이번 신작 『불안한 마흔의 생존 쓰기』로 또 한 번 독자들의 마음을 움직일 예정이다.

6

시비와 이해의 무덤인 요즘

최소한의 단어로 쓰지 않으면 독자는 건너뛰고, 올바른 단
어로 쓰지 않으면 독자는 오해한다.   – 존 러스킨

어떤 이가 홍보와 마케팅을 위해 평소 뭘 하냐고 물었습니다. 어떤 비즈니스건 고객이나 기자들이 알기 쉽게 주로 메타포를 사용해야 하기에 다양한 비유나 표현이 들어있는 글을 많이 섭렵하는 편이라고 했습니다. 엔지니어 외길 인생만을 걸어온 질문자가 제 말뜻을 제대로 이해했는지 알 길이 없지만, 어찌 됐든 제대로 된 메타포는 정말 중요합니다. 이는 온전히 개인의 축적에서 비롯된다고 생각합니다.

제 경우 은유법, 환유법을 주로 썼습니다. 이 둘은 표현하려는 대상을 다른 대상에 빗대어 나타내는 표현법인 비유법의 일종으로 물론 그 외 직유법, 제유법, 대유법도 있는데, 저도 종종 헷갈리지만 이렇게 이해하면 쉽습니다. 은유법은 'A는 바로 B다.' 식으로 표현 속에 비유를 숨기는 기법입니다. 모양이나 특성 하나를 딱 잡고 연상 작용에 의하여 새로운 관념을 지니게 되며, 흔히들 많이 봤던 예문은 '내 마음은 호수다.', '너는 내 운명'이며, 'C시는 아이들의 천국, 놀이터' 등이 있습니다.

'대한민국 단 1%의 기술' 이렇게 이야기하는 건 환유법입니다. 환유법은 사물의 한 모퉁이나 어느 한 특징을 보여서 그걸 전체를 대신하는 대유법의 일종인데, 여기에는 제유법과 환유법이 있습니다. '빵만으로는 살 수 없다.'에서 빵은 먹을 것의 일부입니다. 이처럼 일부로써 전체를 대표하게 되는 것이 제유법, 어떤 사물을 그와 관련 있는 다른 사물을 빌어 나타내는 것은 앞서 말한 환유법인데, 제가 답답할 때 주로 쓰는 '내가 핫바지로 보이냐?' 같은 게 있습니다. 아시다시피 핫바지는 바보 멍청이를 두고 하는 소리입니다.

이렇듯 은유와 환유의 수사학은 인간이 세상을 더욱 잘 이해하고 지시하기 위한 소유의 방편에서 생긴 언어활동이라고 어떤 철학자는 말했습니다. 은유법은 세상에 대한 내면적이고 정신적 이해이며, 환유법은 세상을 외면적으로 결합하거나 분석하는 일종의 과학적 지시 방법이죠. 은유의 경우 주어진 상황에 정확한 단어를 끌어내는, 선택과 집중을 얼마나 잘하느냐에 관련이 있고, 환유는 비슷한 단어를 잘 끌어다 써서 풍부한 묘사를 하고자 의지가 반영되어야 합니다.

결국 적절한 메타포를 사용하는 것도, 사용자가 메타포의 사용의미를 제대로 파악하는 것도 철저히 개인의 역량에 달렸습니다. 군사독재 시절 검열과 삭제의 칼날 앞에서 해직을 각오한 기자들이 메시지를 전달하는 방법으로 취했던 것은 단신과 행간이었다고 합니다. 독자들은 기자들이 쓴 1단짜리 기사에서 사실을 알아낼 수 있었고, 문장과 문장 사이의 '여백'에 담은 일종의 메타포까지 잘도 읽어냈다고 합니다. 즉 읽은 이와 쓴 이의 티키타카가 잘 맞아 그 무지막지한 시대를 견디며 기어이 넘어온 것입니다.

요즘 종합편성 채널 뉴스를 골고루 챙겨보는 편입니다. 대통령부터 시작해서 장관, 정당 대표 등의 이른바 사회고위층의 말과 비유를 두고 그걸 해석하고 의미를 찾는 데 양쪽 편에 자리를 잡은 패널들이 참 애처롭게 분주합니다. 그도 그럴 것이 멸치와 콩, 개와 사과를 두고 한 시시껄렁한 것보다, 표현들이 굉장히 다채롭고 등장하는 사물들도 다양합니다. 어김없이 단골손님인 개도 나오고 새우도 나오고 고래도 나오고, 도토리도 나오고, 작년이 '토끼해'라 그런지 토끼도 자주 등장하고. 그런데 왜 이렇게 같은 말과 비유를 두고 참 다른 해석들이 나오는지 그걸 가만히 보고 있노라면 속 시끄럽고 어지럽습니다.

결국, 메타포를 제대로 사용하고 해석하지 못하는 것은 우리의 지혜와 이해의 그릇이 작기 때문일 수 있습니다. 메타포는 단순한 장치가 아니라, 깊은 통찰을 제공하는 도구입니다. 우리가 글을 읽고 정리하며 스스로의 글로 생각의 틈을 메운다면, 보다 깊은 이해에 다가갈 수 있을 것입니다.

7

CS 마인드 풀 세팅한
지극히 현실적인 쓰기

글을 쓸 때는 문을 닫을 것, 글을 고칠 때는 문을 열어 둘 것.

– 스티븐 킹

한때 제 글을 수정하는 것이 무척 고되고 힘들었습니다. 몇 시간 동안 고심하며 작성한 인용구와 표현을 삭제하고 문단의 순서를 조정하는 과정에서 감정적 동요는 고통에 가까웠습니다. 때로는 제 의견대로 밀어붙였고, 그로 인해 크고 작은 갈등도 겪었습니다. 하지만 이제는 사정이 많이 달라졌습니다. 주제 파악이 끝나서일까요? 상사나 고객, 출판사의 요구에 맞춰 글을 다듬는 일이 자연스러워졌습니다.

『굶주린 마흔의 생존 독서』의 경우도 마찬가지였습니다.

출판사 대표에게 편한 대로 피드백을 해 달라고 했고, 편집자가 문장도 다듬고 고쳐도 무방하다고 했습니다. 100% 진심이었습니다. 『최재천의 공부』의 저자 최재천 선생님은 본인이 쓴 글의 조사 한 곳이라도 누가 수정한다고 해도 꺾이지 않는 고집이 있다고 스스로 밝히셨습니다. 자기가 쓰고 뱉은 말에 책임을 진다는 우직한 각오는 충분히 알겠으나, 제 경우 그러한 신념을 밀고 나아가며 글을 써 나가기에는, 제가 한 발 한 발 딛고 헤쳐 가야 할 길이 멀고도 험하다는 것을 진작에 깨달았습니다. 때로는 '이런들 어떻고 저런들 어떠하리오.'라는 마음가짐으로 상사나 고객이 원하는 대로 글을 고치고, 그들의 기대를 온전히 받아들이기도 합니다.

그런 태도는 제 글쓰기 방식에 있어서 일종의 방어기제가 된 것인지도 모릅니다. 세상의 기대에 부응하며 살아가는 과정에서 저 자신을 조금씩 잃어가는 것 같기도 하지만, 한편으로는 이러한 적응이 저에게 주는 안정감도 있기에, 앞으로도 계속해서 그러한 길을 걸어갈 생각입니다. 자신의 신념과 다소 괴리감이 느껴지더라도, 상황에 맞게 조율하고 변화하는 유연함도 필요하다고 믿습니다. 물론 글쓰기는 제 삶에서 중요한 요소이지만, 그 안에서 제 자신을 잃지 않도록 신중히 균형을 맞춰가야 할 것입니다.

변화한 저를 되돌아보면, 서미현의 『날마다 그냥 쓰면 된다』에서 큰 힌트를 얻었습니다. 저자는 광고주가 원하는 방향에 맞춰 자유롭게 글을 쓸 수 있는 훈련을 받았다고 합니다. 그 근본에는 대중을 대상으로 제품을 판매하는 광고라는 특성이 자리하고 있습니다. 그러고 보면 저도 결국 제 글의 사용자가 원하는 대로 맞추는 글쓴이일 뿐입니다.

세네카는 "중요한 것은 어떤 대접을 받았느냐가 아니라 이를 어떻게 견뎌냈느냐."라고 했습니다. 주변의 상황이나 설명에 대해 어찌할 수 없지만, 그것에 어떻게 대응할지는 본인에게 달려 있습니다. 글을 수정하라는 요구에 고집을 부리는 것보다, 우리의 평온을 지키고 생산성을 높이는 것이 훨씬 낫다고 생각합니다. 글은 기한이 있고 언젠가는 내 손을 떠나야 해서, 더 이상의 시간을 지체하는 것이 결국 내게 손해라는 것을 잘 알고 있습니다.

수정을 위한 빨간 줄과 독기가 서린 비평을 마주할 때, 기분이 좋을 사람은 아마 없을 겁니다. 누구나 쓰라린 가슴을 부여잡고 깊은 한숨을 내쉴 수밖에 없지요. 하지만 세네카는 이렇게 덧붙입니다. "껄껄 웃으세요." 인생이란 어차피 짧고, 모두가 언젠가는 죽을 운명이기 때문에 화내며 보낼 시간조차 아깝다고 합니다.

"물처럼 되세요, 친구여." 전설의 배우 이소룡이 한 이 말은 무술의 경지를 철학적으로 비유한 것입니다. 물처럼 유연하게 흘러가고, 고집을 부리기보다 문제를 해결하거나 피하는 방법을 찾아야 한다고 합니다. 글쓰기도 마찬가지입니다. 고정된 형태가 없고, 다양한 상황에 맞춰 변할 수 있다면 그것으로 충분합니다. 글쓰기란 결국, 우리 자신을 표현하는 방식이며, 그 과정에서 우리는 끊임없이 변화하고 성장할 수 있습니다.

자기 PR,
교토삼굴로 영민하게

글쓰기는 내면을 들여다보고 다가올 미래를 그려볼 좋은
기회다.   – 나카타니 아키히로

10년 차 영업전문가의 자기소개서를 운 좋게 컨설팅하게
되었습니다. 보통 10대 1의 경쟁률이라 수주만 하게 되면 나
머지는 저에겐 그리 어렵지 않습니다. 자기소개서와 경력
기술서까지 포함해 10장 안팎이었지만, 훑어보는 데는 30분
도 채 걸리지 않았습니다. 냉정히 말해 눈길을 사로잡는 것
없는, 흥미를 유발하는 포인트가 없는 무난한 자소서였기
때문에 오히려 작업하기 쉬웠습니다.

의뢰인에게 요청한 세 가지 사항은 다음과 같습니다. 첫째, 자신의 이력을 한두 줄로 압축할 수 있는 한자 성어와 인상 깊은 문구를 세 가지 큰 꼭지로 나눠서 넣으라는 것이었습니다. 크게 세 가지 카테고리는 자기 성향, 개인 에피소드, 그리고 입사 후 계획이었습니다. 둘째, 영업전문가로서 최신 동향을 반영하는 내용을 추가해 인사담당자의 시선을 사로잡으라고 했습니다. 마지막으로, 중국 전문가인 의뢰인의 경험을 바탕으로 VIP 영업에서의 실패담을 극적으로 서술해보라고 했습니다. 개그우먼 조혜련이 나오는 숏폼을 봤는데, 이 세상엔 성공과 실패가 있는 게 아니라 성공과 과정이 있을 뿐이라고 했다는 말도 전하면서 말입니다.

예전에 퇴직 임원이 헤드헌팅 회사를 통해 모 공공기관 수장에 지원한 적이 있었는데, 친분도 있고 해서 자기소개서를 살짝 봐 드렸습니다. 왜 위인전 같은 거 보면 맨 마지막에 출생에서 사망까지 시기별로 정리해 적혀 있지 않은가요. 마찬가지였습니다. 입사해 뭘 했는지 연대기별로 적어놓은 것을 보고 기함했습니다. 대단한 분들께서 지원할 텐데 채용담당자의 책상 밑에 고이 모셔둘 만큼 읽기 싫을 정도로 길고 지루하기 짝이 없었습니다. 거두절미하고 그에게

이 화려한 경력 중 뭘 가장 내세우고 싶은지 물어보고 한두 가지만 짚어달라고 했습니다. 그걸 두고 짧게 단락별로 작성했습니다. 그의 성향 관련해서는 제가 듣고 멀리서 봤던 직간접적인 경험을 토대로 그를 떠올리기에 딱 좋을 키워드로 뽑아 정리했습니다. 그가 지원하는 회사를 가서 앞으로 어떤 걸 추진하고 싶은지 등을 제 나름대로 상상의 나래를 펼쳐 써서 드린 적이 있었습니다.

모 정치인은 지난해 토끼의 해를 맞아 '교토삼굴(狡兔三窟)'을 언급했습니다. 영민한 토끼가 안심하기 위해 세 개의 굴을 판다는 이 고사성어처럼, 우리도 철저히 대안을 마련해야 한다는 이야기였습니다. 자기 PR을 작성할 때도 세 가지 꼭지, 즉 삼굴을 설정해야 한다고 생각합니다. 예를 들어, 저는 10년간의 지방 근무로 쌓은 끈기, PR을 시작으로 전시 마케팅, 교육체계 구축, 기술료 협상 등 프로젝트 관리 등 다방면에서의 경험, 그리고 공직 재직시절 배웠던 사람을 귀하게 여기는 마음으로 입사해 이바지하겠다는 다짐의 세 꼭지를 설정했습니다.

그렇다면 당신의 자기 PR 삼굴은 어떠한가요? 매번 즉

흥적으로 맥락을 찾아 헤매는 것은 결국 개인의 무능함으로 이어집니다. 실패를 준비하는 유비무환의 정신을 가지고, 한 번 토끼처럼 지혜롭고 영민하게 자기소개 삼굴을 준비해 보는 것이 어떨까요?

불안한 마흔을 위한 쓰기 노하우 3.

변한다의 자기소개서

1) 시선을 끄는 표현 활용: 각 단락의 시작 부분에 인상 깊은 문구나 한자 성어 등 주목도 높은 표현을 사용해 독자의 관심을 끌고 집중을 유도할 수 있다.

2) 두괄식 전개: 단락마다 결론을 먼저 제시하고 그다음에 세부 내용을 설명한다. 인사담당자의 빠른 이해를 돕는다.

3) 경험과 최신 동향 결합: 자기 경험을 기술할 때 최신 트렌드나 업계 동향을 함께 반영하면 내용이 더 현실적이고 의미 있게 다가갈 수 있다.

4) 경험에서 얻은 교훈과 미래 비전 제시: 경험을 통해 깨달은 점을 바탕으로 입사 후 개선할 점이나 추진할 계획을 구체적으

로 제시한다. 이를 통해 미래의 비전을 보여주고, 입사 후 업무에 있어 목표에 대한 진정성 있는 의지를 전달할 수 있다.

변한다 자기소개서 초안 중

직무를 수행할 수 있는 경쟁력

근성입니다. 20년간 끈기와 투지 하나로 많은 어려움을 극복해왔습니다. 매주 주말마다 서울에서 경남 A 조선소까지 왕복 800km를 10년간 다녔습니다. 이는 지구를 10바퀴 돈 셈이며, 제 인내심과 끈기를 증명하는 상징적인 숫자입니다.

4년간 공무원으로 재직했던 곳은 크고 작은 사건 사고가 끊이지 않아 홍보인으로서 위기관리와 민원 대응에 많은 내성을 쌓을 수 있었습니다. 이런 경험은 공보 업무를 묵묵히 수행하며 얻은 결과로, 어떤 환경에서도 끝까지 버텨낼 수 있는 저만의 경쟁력이라 생각합니다.

인생의 우선순위

일을 통해 의미를 찾고 행복해지는 것입니다. 더불어 제 가족, 동료, 친구들 그리고 더 많은 사람과 함께 나누고 싶습니다. 제가 이 세상이나 다른 사람을 위해 도움이 된다고 느끼는 감정, 즉 아들러 심리학에서 말하는 일종의 '공헌감'이 제겐 중요합니다. 어렸을 땐 저 자신만 위했지만 공직 생활 4년 동안 저를 둘러싼 조직과 지역사회, 그리고 그들과의 상호작용이 얼마나 중요한지 깨닫게 되었습니다.

덕분에 저는 사회복지를 공부하며, 주말마다 B 소재 그룹홈에서 사회복지사 실습하고 자격을 취득한 바 있습니다. 이에 귀사에서의 제 홍보는 사람을 세우고 사람을 믿고 위하는데 집중할 것이며, 더욱 전인적인 자세로 임하겠다는 말씀을 드립니다.

소속감을 느꼈던 조직과 발전을 위한 노력

C 회사에서 홍보와 위기관리를 담당하면서 가장 큰 소속감을 느꼈습니다. 홍보란 단순히 대상을 알리는 것을 넘어, 위기를 감지하고 즉각 대응하는 능력이 필요합니다. 실제로 D 사고가 발생했을 당시, 47일 만에 대대적인 사과문을 발표했던 기억이 납니다. 사고의 원인이 명확하지 않았기에 수사에 영향을 줄 우려가 있어 입장 표명을 자제했지만, 여론은 이를 납득하지 못했습니다. 이 일을 통해 위기관리는 속도가 생명임을 절실히 깨달았고, 예측 가능한 위기에 대한 대응 지침을 미리 준비하고, 간소하고 신속한 의사결정 체계가 얼마나 중요한지를 체감했습니다.

레이먼드 챈들러의 소설 『원점회귀』에서 "강인하지 않으면 살아남지 못한다. 그러나 상냥하지 않으면 살아갈 자격이 없다."는 구절이 있습니다. 이 말은 제게 깊이 남았습니다. 요즘 커뮤니케이션의 핵심 3C, 즉 channel, content, confidence가 강조되고 있는데, 기업이나 공공기관, 지자체 등 모든 커뮤니케이션 영역에 적용되는 원칙이라 생각합니다. 특히 저는 신뢰, 즉 confidence의 중요성을 무엇보다 잘 이해하고 있습니다.

그 당시 선배들과 동료들과 합심하여 위기를 돌파하려 했던 경험이 아직도 기억에 남습니다. 그때 일은 혼자 하는 것이 아닌, 신뢰로 똘똘 뭉쳐 하나 된 팀으로 문제를 해결해 나갔던 경험은 저에게 진정한 팀워크가 무엇인지 확실히 가르쳐 주었습니다. 결국 사람을 위하고, 사람을 소중히 여기며, 오직 사람을 존중하는 기본 원리에서 모든 것이 시작된다는 것을 깊이 느꼈던 귀중한 순간이었습니다.

9

눈에 담고 글로 남기다

글에서 '매우', '무척' 등의 단어만 빼면 좋은 글이 완성된다.

— 마크 트웨인

시간이 될 때마다 쇼핑도 하고, 글맛도 느낄 겸 카카오 메이커스를 들여다보는 편입니다. 섬네일 이미지의 경우 모든 e커머스 중에 단연 돋보입니다. 아이스크림인지, 화장품인지 구분이 되지 않은 영롱한 사진을 올려놓고 '콜라겐, 한 컵의 아이스크림으로'라고 합니다. 몇 번 찍어 바르면 저 뽀얀 우윳빛으로 마치 제 피부가 그렇게 될 것만 같은 기분 좋은 상상을 하게 되죠. 실제로 촬영과 편집, 디자인 상당한 부분을 직접 한다는 이야기가 있습니다. 어떤 이는 이런 것들이 플랫폼이 자꾸 개입하는 구조가 되어 버리게 되면 콘텐츠의 질은 좋아지겠지만, 양은 줄어들기 마련이고, 수익을 내는 데는 한계가 있다고 지적하기도 합니다. 하지만 저에겐 굉장한 재미고 요긴한 볼거리입니다. 어찌나 상품들을 맛깔스럽게 소개하는지, 특징을 족집게같이 잡아내는지 훑어보는 데 시간 가는 줄 모르겠습니다.

비슷한 산업군에 있는 마켓컬리의 경우 콘텐츠 작가가 해야 할 일은 다음과 같습니다. 브랜드 콘텐츠 제작을 위한 콘텐츠 아이디어 제안은 물론, 콘텐츠 기획 및 구성을 위한 자료조사, 출연자 섭외 및 취재, 영상 콘텐츠 자막 구성 등을 해야 합니다. 그래서 방송/디지털 콘텐츠 작가로서 조사 경력을 보유한다면 채용에 있어서 우대사항이 될 수 있을 만큼 아무나 할 수 없고, 요구하는 것들이 많아 보입니다. 그도 그럴 것이 제품을 소개하는 면면을 들여다보면, 글이 운치 있는 것은 물론, 핵심을 콕콕 짚은 걸 보면 상품에 대해 깊숙이 아는 사람들이 썼다는 생각이 들며, 한층 신뢰감이 생기죠. 중요한 건 이걸 사는 저 역시 이 제품을 잘 알고 제대로 돈 쓴다는 느낌, 절대로 속지 않은 기분이 든다는 점입니다.

예를 들어봅시다. 좋은 솜을 사용해 쉽게 숨죽이지도 않았고 세균과 진드기 걱정 붙들어 매라는 '고온에서 푹 삶은 침구 세트', 수건을 빨고 나서 제대로 건조하지 않으면 늘 쿰쿰한 냄새가 나기 마련인데, 그걸 잘 잡아낸 '쿵쿵, 냄새나지 않는 수건'. '30번 쌓아 바삭한 한라봉 과자'는 반죽을 30번 이상 그 수고를 강조하고, 켜켜이 겹치고 쌓아놓고 난 후 입에 넣으면 얼마나 바삭거릴까요. 벌써 입에 침이 고입니다. 얼른 입안에 넣고 싶을 만큼 충동이 일어납니다. 자꾸 손이 가는 ○○ 구두의 경우, 신은 듯 만 듯 그 편안한 착용감으로 인해 얼마나 편하면 구두에 자꾸 손이 갈까요. 그러니 발이 문드러지더라도 하이힐을 결코 포기 못하는 사람들에게 꼭 한번 신어보고 싶은 생각을 불러일으킵니다. '편하게 누워서도 스트레칭' 기계의 경우 누워서 TV도 보고 운동하면 정말이지 일거양득 아니겠는지요. 귀차니즘의 끝판왕들에게 달콤한 유혹을 건넵니다. 복부 쪽에 벨트가 있어서 고정된 자세로 스트레칭이 가능하다고 하니 벌러덩 자주 드러눕는 저 역시 한 번쯤 해보고 싶습니다.

보도 듣지도 못한 단어를 써 눈길부터 훌쩍 가게 한 '손질까지 마친 ○○ 굴'의 설명 중 특히나 알찬 식감 속 달보드레한 맛이 일품이라고 합니다. 아무리 제철이라도 굴 손질은 번거롭기 마련인데, 세척만 해 바로 드실 수 있도록 이미 번거로움을 덜었다는 편의성을 먼저 내세웠습니다. 그뿐만 아니라 '달보드레한'은 '달보드레하다'에서 나왔습니다. 약간 달큼하고, 감칠맛이 있게 꽤 달다는 뜻입니다. 넋 놓고 보다가 차렷하고 사전까지 찾게 합니다. 위트와 언어유희도 있습니다. 먹으면 술술 넘어간다는 '술술'을 넣어 '술술 전통주로 여행가는 전통주 기행', 채소 가격 하락으로 어려움을 겪는 농가들을 위한 '제주 농민을 도우면 당근 좋으니까', 온양 온천수로 만든 스팀이 건조한 눈에 수분을 공급한다 해서 '눈 온천욕'.

나오미 배런의 『다시, 어떻게 읽을 것인가』에서 강조하듯, 디지털 자료를 읽을 때 속도를 의식적으로 느리게 해야 읽는 뇌를 단련할 수 있다는 점은 흥미로운 통찰입니다. 읽는 인간에게 필요한 것은 균형이며, 제대로 읽기 위해서는 속도가 중요한 요소라는 주장도 깊이 새겨둡니다.

성격상 급한 저는 종이책보다는 e커머스에서 상품 소개 글에 빠져드는 경우가 종종 있습니다. 쭉쭉 스크롤바를 내려야 하는데도 두 눈이 상품에 머물러 생각 끝에 기어이 펜을 들어 적어 보는 것은, 온전히 내 것으로 만들기 위한 과정과 같습니다.

이는 어쩌면 소비자로서의 '궤변'일지도 모릅니다. 실제로 상품 설명을 읽는 동안 내가 무엇을 얻고 있는지, 그 소비가 나에게 어떤 가치를 주는지에 대한 고민 역시 생기는 것 같습니다. 그 과정에서 소비를 넘어서는 경험을 얻고자 하는 의도가 내 속도 조절을 방해하는 듯합니다. 디지털 공간에서의 이러한 복잡한 경험은 단순한 읽기와 소비를 넘어서 우리가 무엇을 원하는지, 그리고 그 선택이 어떻게 이루어지는지를 탐색하는 중요한 여정이 아닐까 싶습니다.

저는 그 과정에 우리가 손수 적은 단 한 줄이라도 남으면 참 다행이라는 생각을 합니다. 소비의 죄책감에서 벗어나기 위한 정당성을 확보하는 시간일지, 카피 공부의 일환으로서의 탐색일지 일단 여러분도 해보고 나서 이야기해주시길 바라며.

10

그까짓 거 배려 없음,
기껏해야 우롱 있음

> 지금 쓰고 있는 글을 당신이 즐기지 못하면, 아무도 즐기지
> 못한다.
> — 마르티나 콜

어느 회사에서 연락이 왔습니다. 채용 플랫폼에 올려둔 제 이력서를 보고 저를 만나고 싶다는 연락이었습니다. 자기소개서를 그 회사에 맞춰 수정하고, 한 장짜리 기획서까지 제출하라고 해서 부랴부랴 작성했습니다. 여러 직무를 제안해주며 고르라는 식으로 사장 면접까지 보게 됐습니다. 두 시간 동안 물 한 모금 없이 빡빡하게 진행되었지만, 그리 나쁘지 않은 시간이었습니다. 나름의 노력을 기울였기에 기대 또한 했습니다.

문제는 그다음이었습니다. 회신 약속 날짜가 지났기에 참다못해 제가 먼저 문자를 보냈습니다. 돌아온 답은 급한 채용이 아니니 조금 더 기다려달라는 것이었습니다. 숨을 고르며 다시 물었습니다. "그럼 네 가지 포지션이 모두 연기된 건가요?" 담당자는 알아보고 알려주겠다고 했습니다. 그러더니 다시 연락이 와서, 한 직무가 남아 있으니 지원해보겠냐는 말이었습니다. 면접을 또 볼 수 있다는 말도 덧붙이더군요. 순간 당황했습니다. '두 번의 면접은 도대체 누구랑 본 거지?' 제가 귀신이라도 본 건가 싶었습니다.

도무지 상황이 이해되지 않았습니다. 저는 그들에게 이게 정상적인 프로세스인지 물었습니다. 처음부터 생각해 보니, 그 회사에 지원한 건 제가 아니라 그들이 저에게 먼저 연락을 준 거였습니다. 저의 가능성을 알아봐 준 것 같아 고맙기까지 했습니다. 그래서 면접 두 번에 기획서까지 냈던 거 아니겠습니까. 그런데 기한 내 연락도 없고, 이제 와서는 급한 채용이 아니고 다시 면접을 볼 수 있다니. 이건 우롱이 아니면 뭘까요?

저는 차분한 목소리로 제 생각을 전했습니다. 그랬더니

돌아온 건 연락이 늦어진 것에 대한 사과뿐이었습니다. 결국 저는 배려받지 못했습니다. 순간적으로 화가 치밀었습니다. 게다가 한 가지 기억이 떠올랐습니다. 면접 도중 임원이 제 기획서에서 괜찮은 부분이 있어 실제로 반영해봤다는 말, '아 아깝다! 당한 건가?'

그런데 문득 안광복의 『서툰 인생을 위한 철학수업』에서 읽은 한 구절이 생각났습니다. "상대방이 나의 깊은 뜻까지 모른다고 속상해하지 마라. 중요한 건 상대의 행복이다." 그 회사는 그 회사 그릇에 맞는 사람을 뽑고자 한 것이었습니다. 그 상황과 맞지 않는 저는 그저 지나치면 되는 거였습니다. 그래, 화나는 건 내 손해지. 그까짓 거 배려 없음, 기껏해야 우롱 있음, 꿀꺽 참고 넘어가야지 별 수 있나요.

소노 아야코의 『알아주든 말든』에서는 '기껏해야'라는 말을, 결코 상대를 무시하거나 깎아내리려는 것이 아니라고 합니다. 오히려 나를 추궁하지 않으려는 방법이라고요. '기껏해야 사장, 기껏해야 그 회사'라며 넘기는 것. 그 사람이 사장이 아닐 때도, 그 회사가 더 이상 그 회사가 아닐 때도 여전히 존중할 수 있다는 뜻으로 이어진다고 했습니다.

그래서 저도 '기껏해야'라는 마음으로 속에 끓던 분노를 가라 앉히며 글을 쓰면서 생각해봅니다. 결국 제게 이득이 아닌가 하고요. 마케터로서 한두 시간을 공들여 회사 관계자가 읽을 거라 믿고 그들이 이해하기 쉽게 고민하며 제 머릿속 흩어진 생각들을 차분히 정리해 한 장의 기획서로 담아냈으니까요. 어쩌면 그 귀한 시간 역시 저에게 남은 장사일 겁니다.

그러고 보니 인사담당자에게 제 책을 선물했는데, 문득 그 책의 행방이 궁금해지는군요. 혹시 쓰레기통에 들어갔을까요? 떠오르는 생각에 쓸쓸한 미소를 짓게 됩니다. 아, 내 기획서, 내 책, 내 글…. 그 모든 것들이 제 기억 속에 여전히 살아 숨 쉬고 있지만, 그들의 손에서는 이미 사라졌을지도 모르는 아쉬움은 그대로 남겨둘게요.

기획서 작성 시 유의할 핵심요소

1) 한 문장 카피 작성

핵심 메시지를 한 문장으로 간결하게 요약한 카피를 작성하여, 기획서의 주제를 강력하게 전달한다.

2) 배경 및 문제점 파악

현재 상황과 문제점을 분석해 기획의 필요성을 명확히 한다. 이를 통해 해결이 필요한 과제를 부각하고, 독자가 문제의 중요성을 인식하게 한다.

3) 과제 해결을 위한 방안 제시

문제 해결을 위한 구체적인 방법과 전략을 설명한다. 방안은 현실적이고 실현 가능한 아이디어로 구성한다.

4) 기대 효과 제시

제안된 방안이 성공했을 때의 기대 효과를 명확히 제시하여 기획의 가치와 기대할 수 있는 긍정적 결과를 강조한다.

5) 실질적 계획 수립

목표를 이루기 위한 세부 실행 계획을 제시한다. 일정, 필요한 자원, 실행 절차 등을 구체적으로 설명하여 실행 가능성을 높인다.

> 6) 기타 고려 사항
>
> 추가로 고려해야 할 부분이나 예상되는 리스크, 사전 준비 사항 등을 기술해 기획의 완성도를 높인다.

1페이지 기획서 초안

1. The idea

XXX, Vide the HR New Stream (XXX, 서치플랫폼의 새로운 판을 깔아라.)

2. Background & Problem

1) 대상 불분명: 핵심 인재용? 전문직용? 임원 전용? 사실 셋 다 다름에도 불구하고 포괄적임
2) 일방향적인 플랫폼의 한계: 늦거나 아예 없는 답변, 헤드헌터들 정보 부재로 신뢰성 떨어짐, 사용자들 지치게 함
3) 오직 검색만을 위한 채널: 현재 정보채널 느낌이 강함, 채용 정보 말고 읽을거리 부재로 인해 현 플랫폼에서 오래

머물 수 없는 한계 봉착

3. How it works

1) 정확한 타겟 설정에 맞는 세팅

① 핵심 인재용: 핵심 인재에 대한 정확한 정의가 전제되어야 함

② 전문직용: 전문직용은 그들만의 그라운드가 있음, 비추천

③ 임원 전용: 이 대상으로 하려면 주니어급(10년 미만) 정보는 아예 없는 것이 나음

→ '주니어는 다른 플랫폼 가도 좋다. 10년 이상 경력자들의 놀이터'로 맞춰 그에 맞는 정보만 추릴 것, 단 전문직용은 별도로 빼서 법률회사, 회계법인 등 주니어, 신입급도 포함시키는 게 좋겠음

2) 원활한 쌍방향 피드백과 신속한 응답: 헤드헌터 피드백을 위한 알람기능 추가, 사용자들의 후기를 통해 불량 헤드헌터 걸러내기, 사용자 만족도 수시 조사, DM으로 제안, 지원현황 쉽게 알 수 있게 하고 취업 활동 증명서 다운로드 등 사용자 편의 제공

3) 풍부한 자체 스토리와 읽을거리 링크 게재

: 신뢰감을 줄 수 있게 헤드헌터들과 Job, position에 대한

제대로 된 소개, View+ 코너 등에 구직과 이직에 관한 이야기, 성공사례와 볼만한 스토리(ex. 실리콘밸리 XXX 채널, 스타트업 전문 언론사 뉴스 등)를 링크 게재

4) 커뮤니티 발족: 사용자(이직/구직자, 헤드헌터, 기업), 내부 직원 등 위원회를 결성해 온라인으로 발족하고, 모니터링 위원회 역할을 부여, 이를 적극적으로 플랫폼에 반영하고 오프라인으로도 확대할 수 있게 함

4. Key benefits

1) 헤드헌터 한 명 한 명 모두 신뢰할 수 있고 보증하는 믿고 보는 잡서치플랫폼으로 부각

2) 신속한 쌍방향 커뮤니케이션으로 조급하고 비밀보장을 원하는 사용자들에게 후련함과 신뢰감 동시 제공

3) 스토리 강화로 단순한 서치 채널이라기보단 'WORK에 대한 소통의 놀이터'로 탈바꿈

5. Next steps

1) 팀 구성: 스토리 기획 및 제작 인력 1명, 신사업 및 플랫폼 수평전개, 확장을 위한 대외협력 1명 필요

6. 그밖에 고민해봐야 할 것

1) 고급 경력 보유 경단녀들의 코너(재취업, 교육 프로그램 등과 결합, Ex. 유튜브 채널, 지자체 여성지원센터 등 온·오프 여러모로 검토)

2) 퇴직 공무원, 대관업무 가능한 보좌관 등의 코너(일종의 B급 플럼북)

3) 비상설 X 스테이션 오픈(헤드헌터 상주해 이직/구직상담, 컨설팅까지 – Ex. 판교역, 강남역 등)

4) 온디맨드 전문가 컨설팅 플랫폼 베타 서비스 활용도 제고

11

사과의 기술

> 당신만이 전할 수 있는 이야기를 써라. 너보다 똑똑하고 우
> 수한 작가들은 많다. — 닐 게이먼

가수, 작곡가 겸 소속사 대표인 모 씨가 30년 가까운 연예
계 인생 일대에 큰 위기를 맞아 지금까지도 활동이 뜸하죠.
다름 아닌 표절 시비. 한 곡이 아닌 여러 곡에 대한 의심들
이 꼬리에 꼬리를 물었습니다. 누구는 표절 시비에 휘말렸
어도 계속 활동했는데, 모 공영방송 간판 음악 프로그램의
하차 요구에 억울할 만도 하겠지만, 가장 문제로 지적되었
던 것은 자기 위기를 마치 분홍색 색안경을 끼고 아름답게
표현한 사과였습니다. 그의 해명은 자신이 존경하는 음악가

의 영향을 받아 곡을 썼을 뿐이라는 것이었지만, 이 태도는 오히려 그가 문제를 피상적으로 바라보고 있다는 인상을 주기 충분했습니다.

글쓰기에서도 비슷한 맥락을 찾을 수 있습니다. 제가 좋아하는 작가의 문체에 영향을 받는 것은 자연스러운 일이지만, 그 작가의 글을 그대로 베끼는 것은 기본적인 예의와 존중이 모자란 것입니다. 예를 들어, 제가 강준만 선생님의 문체를 따르고 싶다면, 인상 깊은 문장을 그대로 인용하고 따옴표로 마무리하는 것이 바람직합니다. 하지만 슬쩍 내 것처럼 도둑질하는 것은 그에 대한 예의가 아닙니다. 만약 무의식적으로 그렇게 했다면, 위기를 맞이하고 잘못이 드러났을 때 궤도 수정을 할 줄 아는 유연성을 가지고 문제를 바라보며 그에 맞는 대안을 내놨어야 합니다. 그러나 저작권 후속 조치가 전부였던 모 씨의 옹색한 대처를 보면서 30년 가까운 지나온 세월이 결코 그에게 깊이를 더해주지 않았다는 사실에 더 큰 안타까움을 자아냈습니다. 팬들은 지난 추억이 모두 날아가 버렸다는데, 그는 세월이 주는 나이만 먹은 듯한 실망감을 주었습니다.

위기는 또 다른 가능성과 기회며, 개인적 발전을 모색하는 데 동기를 부여할 수 있습니다. 전성철의 『위기관리 10계명』에서 위기는 사회가 우리를 심판하는 재판의 과정이라고 했습니다. 우리가 무대 위에 올라가 사회가 주시하는 가운데 재판받는 과정에 있을 때, 이를 이해하는 것은 우리가 객관화될 줄 아는가의 잣대를 드는 것과 같습니다. 위기를 다시 기회로 가져오려면 위기관리 과정에서 거짓말을 해서는 안 됩니다. 진실함이 상수여야 하며, 관행이라는 비겁함이나 무의식과 무지에 기대는 모호한 내용은 포함될 수 없습니다. 그런 것은 하수 중의 하수일 뿐이죠.

실제 재판보다 혹독한 것은 다름 아닌 사람의 마음. 그만큼 사람의 마음을 돌리는 것은 그 어떤 것보다도 어렵습니다. 주지하다시피, 세상에서 가장 어려운 일은 한 번 돌아선 마음을 다시 돌리는 것이죠. 변심한 마음은 쉽게 회복하기 어려우므로, 실수를 무마하려 눈감거나 거짓말을 하게 되면 정말이지 돌이킬 수 없습니다. 차라리 물벼락이든 두들겨 맞든, 충분히 솔직하고 간곡한 표현으로 한 번에 끝내버리는 것이 가장 현명합니다. 상황이 종료된 후 사람은 망각의 동물이기 때문에 그다음은 시간의 약효에 맡기는 것이 최선입니다.

"한 시대는 그에 순응하는 사람이든 저항하는 사람이든 개인을 인도하고 규정하고 형성한다." 괴테의 이 멋진 말은 시대가 개인에게 부여하는 과업을 명확히 드러냅니다. 우리는 말하고, 물건을 사고, 어떤 행위를 하며, 결국은 무엇인가를 표현합니다. 이는 자신의 존재를 증명하는 행위입니다. 공정과 정의의 시대를 살아가는 우리에게 주어진 과제는 다름 아닌 진실한 자기표현입니다.

TV를 켜면 여기저기서 들려오는 소란스러운 상황들의 시작은 아마도 많은 이들의 솔직하고 거침없는 표현에서 비롯된 것일 겁니다. 틀에 얽매이지 않은 자유로운 상상력은 때론 금기시되던 주제들까지도 대담하게 다룹니다. 이러한 표현들은 광의적으로 보면 사회의 진화 과정의 일부라 할 수 있습니다.

우리는 변화를 통해 나아가면서 서로를 이해하고 공감할 수 있는 기회를 얻게 됩니다. 그 과정에서 때론 혼란스럽고 불편한 순간들이 있지만, 그것 역시 진정한 소통과 성장을 위한 필연적인 단계일지 모릅니다. 이번 주말, 라이언 홀리데이의 『데일리 필로소피』를 통해 솔직한 자기표현의 중요성을 다시 한번 되새기며 적어봅니다.

죽음으로부터 오는 경고를 합리적인 선택과 행동으로
연결하려 할때, 사람들은 그 경고를 회피하고
싶은 유혹을 느끼게 된다네. 하지만 그 경고가
합리적으로 선택으로 이어지지 않고 제어할 수
없는 것이 되거나 다른 사람에 의해 좋게
받게 될때, 사람들은 불안과 두려움에
떨게 되지.

라이언 홀리데이, 스티븐 핸슬먼, 『데일리 필로소피』 중에서

12

오타, 결국 대수롭거나 중요하거나

내 인생의 절반은 고쳐 쓰는 작업을 위해 존재한다.

— 존 어빙

오타 하지메는 『인정받고 싶은 마음』에서 인간의 가장 비열한 점은 명예를 추구하는 것이라 했습니다. 타인의 존경을 받고자 하는 욕망이야말로 인간이 가진 우월함의 가장 큰 표시라는 것입니다. 세네카는 인간이 아무리 많은 재산과 건강을 가졌더라도, 타인에게 존경받지 못한다면 만족할 수 없다고 했습니다. 하지만 잘 생각해 보면, 그건 우리가 만드는 것이 아니라 타인에게서 부여받는 것이지요.

일종의 선출직과 같다고 볼 수 있습니다. 남이 뽑아줘야만 당선되는 것처럼 타인의 승인 없이는 얻을 수 없습니다. 물론 어느 정도의 인정은 성취를 이끌고 자신을 발전시키는 동력이 되기도 합니다. 그러나 그 균형을 맞추는 것이 매우 중요합니다. 만약 밸런스를 잃는다면, 우리는 '인정 감옥'에 갇혀 평생을 살아가게 됩니다. 남의 평가에만 매달려 사는 삶은 생각만 해도 피곤이 몰려옵니다. 하지만 살아 있는 한 우리는 이 피로함을 완벽하게 피할 수 없습니다.

여기 오탈자 하나 때문에 치를 떠는 한 사람이 있습니다. 제가 아는 한 후배는 문서를 작성할 때마다 오탈자로 인해 큰 스트레스를 받는다고 합니다. 그가 작성한 대외 문서에서 오탈자가 많이 발견되면, 상사에게 문서의 신뢰성에 대한 지적을 받는 일이 종종 생긴다고 하더군요. 그런 상황에서 그는 고작 오탈자 하나가 자신을 한심한 존재로 규정한다고 느끼며 씁쓸해하곤 합니다.

저 역시 그의 고충을 모르는 바는 아닙니다. 보도자료, 연설문, 영상 자막 등 모든 글이 제 손을 떠나기 전까지 만전을 기해야 한다고 믿어왔습니다. 문서가 띄워져 있는 모니터를 하도 째려봐서 눈에서 수시로 경련이 일어나곤 했습니다. 제 개인으로 나가는 게 아니라 소속된 지자체나 회사를 대표해서 나가는 것이었기에 더욱이나 그랬습니다. 작은 오타 하나라도 생기면 가슴이 쿵쾅거리고 누가 먼저 볼까 불안감이 엄습했죠.

우리는 뉴스에서도 종종 오탈자로 인해 큰 문제를 겪는 사람들의 이야기를 접하곤 합니다. 폭언 등 직장 내 괴롭힘으로 구설에 올랐던 도미닉 라브 영국 부총리가 공무원 갑질 조사 결과 보고서가 나온 지 하루만에 사임을 했죠. 그는 젊고 전도유망했지만, 언론에 따르면 직원들의 보고서에서 오탈자를 보고 망신을 줬고 평소 직원들의 사소한 잘못이나 실수에 불같이 화를 냈다고 합니다. 한국에서는 한 일본계 증권사 애널리스트가 보고서 오타를 이유로 보조 연구원에게 벌금을 부과하고, 그 벌금이 쌓이면 술값으로 대신 치르게 한 사례도 있습니다.

조선시대에는 국가가 출판업을 관리하면서 오탈자 세 개까지는 봐줬지만, 그 이상은 곤장이나 감봉, 정직 등의 처벌을 받았습니다. 북한에서는 오탈자가 발생하면 아오지 탄광

행이라는 말이 있을 정도로 그 처벌이 가혹하죠. 그래서 오탈자는 그저 사소한 실수가 아닙니다. 때로는 사람의 인생을 바꿔놓기도 하며, 저나 제 후배가 겪는 괴로움은 결코 가벼운 것이 아닙니다.

저는 그에게 이렇게 말해주고 싶습니다. 지금의 고뇌와 인내가 분명 우리를 더욱 단단하게 만들 거라는 걸요. 오탈자는 사소할지 모르나, 그게 쌓이면 당신의 실력을 증명하는 중요한 요소가 될 테니까 말입니다. 그러니 그대의 초조함이 결코 하찮은 것이 아니라고, 보다 정확한 쓰기로 함께 묵묵히 건너가자고 격려하고 싶습니다.

글에서 오탈자 줄이는 방법

1) 글 완성 후 휴식 후 다시 검토

글을 다 쓴 직후에는 스스로 오탈자를 발견하기 어려울 수 있다. 완성 후 잠시 글을 놓아두었다가 다시 읽으면, 새로운 시각에서 오탈자를 더 잘 찾아낼 수 있다. 글을 붙들고 고쳐보려는 것보다 반드시 한 번은 쉬어가는 과정이 필요하다.

2) 소리 내어 읽기

글을 소리 내어 읽으면 눈에 쉽게 보이지 않는 오탈자를 발견할 가능성이 높다. 문장 흐름이 매끄럽지 않거나 어색한 부분을 들을 수 있어 보다 정확한 교정이 가능하다.

3) 맞춤법 검사기 활용

기초 오류는 한글 파일의 '맞춤법 검사기 기능'을 사용해 점검한다.(단축키 'F8')

4) 다른 사람에게 피드백 받기

자신의 글은 익숙해져서 오탈자를 쉽게 지나칠 수 있으므로, 최소한 한 명이라도 다른 사람에게 검토를 부탁해야 한다. 내 경우, 첫 번째 검토자는 늘 어머니이다.

13

저어새 외침 너머 글

작가가 지켜야 할 규율은 가만히 서서 등장인물들이 말하
는 걸 들어보는 것이다.   – 레이첼 카슨

어느 외국계 회사의 커뮤니케이션 임원과 한국 언론에 관
한 이야기를 나눈 적이 있었습니다. 그녀는 모 종합편성 채
널의 악의적 편집과 허위 보도로 인해 회사의 신뢰성과 명
예가 심각하게 훼손되었다고 하며, 한국의 언론 환경을 도
저히 이해할 수 없다고 고개를 절레절레 저었습니다. 저는
현재의 언론 환경을 일종의 쇼 비즈니스라고 생각하면 어떨
지, 기자 개인이 저항하거나 시스템을 바꾸기는 역부족이니
이를 고려해야 한다는 이야기를 한 적이 있습니다.

다행히도 그 회사는 언론중재위원회를 통해 반론권을 획득하여 입장을 제대로 알릴 수 있었습니다. 저 역시 쓰디쓴 경험이 여럿 있습니다. 성실히 취재를 지원하고, 잘못된 것은 바로잡으려 했지만, 자극적이고 일방적인 보도와 선정적인 영상 편집 때문에 쏟아지는 악성댓글에 대응하느라 심신이 고달팠던 날들이 떠오릅니다. 3년 전에 있었던 취재원으로서 저와 기자 간의 소통에 대한 기억을 쥐어짜며 사실확인서 작성에 열을 올린 적도 있었습니다. 제가 변호사인지, 작가인지, 이도 저도 아닌지 참 헷갈렸습니다.

그 시점부터였습니다. 세상에 단 6천 마리만 남아 있는 멸종 위기의 '저어새' 주문을 외우곤 했습니다.

저 사람도 나름대로 애쓰는 거야.

어…하고 안 되면 말아.

세 상 무너지지 않아. 워워워

어떤 신문의 사설을 읽고 마음의 위안을 얻기도 했습니다. 언론이 단순한 사실 오류가 아닌 견해에 대한 오류를 저질렀을 때 이를 바로잡기 위해서는 몇 가지 선행 조건이 필요하다고 했습니다. 먼저 자신과 조직 내부가 오류를 인지할 수 있는 구조를 형성해야 하고, 이를 위해서는 다른 견해에 열려 있어야 하며, 무엇보다 사실을 기반으로 의견을 쌓을 수 있는 자연스러운 분위기가 마련되어야 한다고 했습니다.

모든 일에는 분명한 이유가 있습니다. 기자들이 단독 보도를 하고 싶어 하는 개인적인 욕심도 있을 것이고, 그들을 둘러싼 환경 역시 무시할 수 없겠지요. "서 있는 풍경이 사람을 바꾼다."는 말이 있듯이, 진실보다 빠르게 사건을 보도해야 하는 경쟁적인 환경은 기자들에게 큰 압박으로 작용합니다. 또한 오류를 바로잡고 반론 내용을 취재할 때 당연히 소요되는 시간을 무능의 기준으로 보는 주변의 시각도 영향을 미칠 것입니다. 이러한 요소들이 복합적으로 작용하여 보도의 속도에 집착하게 만드는 것이겠지요.

저어새의 주문을 외치고, 마음의 위안을 주는 칼럼을 읽어도, 한 번 내보낸 글은 절대 수정하지 않겠다는 개인이나 집단의 고집과 집념을 이해하고 받아들이기는 아직도 쉽지 않습니다. 기자 출신의 한 분이 말했듯, 요즘은 기사를 대충 쓸 수 없을 만큼 뉴스 수용자의 수준이 높아졌다고 합니다. 기자든 유튜버든 작가든 콘텐츠를 공급하는 사람이라면 수준 높은 이용자들을 위해 외부 환경의 변화를 기다리기보다는 우리 스스로부터 격을 높이기 위해 노력부터 해야 합니다.

잘못된 것은 바로잡고, 그것이 파격이 아니라 자연스러운 일상이 되도록 우리도 계속해서 많은 글을 읽고, 다양한 의견에 귀를 기울이며 깊이 있는 의미를 파악해야 합니다. 누군가의 글을 조용히 음독하고 꼭꼭 씹어보면서 마음에 드는 문장을 적어 보는 시간이 무척이나 그리운, 창밖에 바삐 지나가는 사람들의 분주한 만큼 바빴던 어느 날의 글쓰기입니다.

최악의 상황에는 '그건 과이한 즐거운
세상에 있어야 하는 법' 이라고 생각해야.
이렇게 생각하지 않는 자는 불의를
행하는 것, 다른 사람에게 상 사를 건
그러운 도발하는 것 과 다름없다.

거추장스러운 인간의 행동에 분노하는 일은
인문에 즐거운 물을 보고 화내는일!

아르투어 쇼펜하우어, 『남에게 보여주려고 인생을 낭비하지 마라』 중에서

3장

마흔의 생존은

펜 끝에서부터

현실 쓰기와 천상계 쓰기,
그놈의 간극이란

분명하게 글을 쓰는 사람에게는 독자가 모이지만, 모호하
게 글을 쓰는 사람에게는 비평가만 몰릴 뿐이다.

— 알베르 카뮈

전쟁과 같은 실제 위기부터 개인 간의 내밀한 대화가 생
중계로 보도되는 요즘, 얼마나 정신없고 답답하며 속이 터
지는지 모릅니다. 한때 위기관리 담당자로 일했던 저에게는
이런 상황을 어떻게 다뤄야 하는지 끊임없이 공부하고 익히
는 것이 매우 중요했습니다. 그 당시 김기찬 외의 『크라이시
스 마케팅』을 서둘러 구해 읽었는데, 책을 다 읽고 나니 '직
접 실무를 하는 내가 낫지 않을까.'란 생각이 들더군요. **작가**

마거릿 애트우드가 꼽은 작가에게 중요한 세 가지는 유의어 사전, 기본적인 문법책, 그리고 무엇보다도 현실에 대한 이해인데, 마지막 부분이 빠져서일까요? 현실의 위기를 관리해본 적이 없는 분들이 쓰는 글은 결국 공허하게 느껴졌습니다.

위기를 다루는 책들이 너무나도 태평하고 온화하게 느껴졌던 이유는 아마도 실전에서 몸으로 부딪쳐 본 경험이 없는 탓이겠죠. 위기의 본질을 제대로 알지 못하고, 이론으로만 다룬다면 그 틈은 좁히기 어려운 법입니다. 한 번도 겪어보지 않은 사람들의 글이나 말로만 해결책을 제시하는 것에는 현장에 있는 사람에게 큰 신뢰를 주기 어렵습니다.

전 직장에서 프로젝트 매니지먼트 관련해서 강사를 섭외한 적이 있었습니다. 강사 중에 실무경험이 풍부한 차·부장급 인사가 전해준 이야기들은 매우 유익했습니다. 그분들의 경험은 단순한 이론이 아닌, 실제로 체득한 비법이었기에 더 큰 울림을 주었습니다. 반면 비싼 돈을 들여 모셔온 교수들이 들려주는 이론적 접근은 현장에서 그다지 도움이 되지 않았습니다. 학교 다닐 때 광고학을 들으면서 느꼈던 것과 마찬가지였습니다. 광고 기획자였던 박웅현 작가와 현장 근처에도 가보지 않은 교수가 설명하는 광고엔 얼마나 큰 간극이 생길까 싶네요.

산학협력 프로젝트에서도 비슷한 경험을 했습니다. 기업은 이윤을 추구하고, 학교는 학문을 탐구하는 두 세계는 너무도 다릅니다. 그 틈을 좁히기란 쉽지 않은 일입니다. 그래서 '대학에서의 이론적 접근이 현장에서 얼마나 실효성이 있을까?' 늘 의문이었습니다. 그 틈을 어떻게 줄일 수 있을까 고민해보지만, 현실은 매번 정답을 주지 않았던 것 같습니다.

기업과 공직을 넘나들며 풍부한 필드 경험을 쌓은 한 선배가 드디어 대학에서 강의를 시작하게 되었습니다. 이 소식을 듣고 저는 그녀에게 축하의 인사를 했습니다. 그러나 솔직히 말하자면, 진정한 축하의 대상은 그녀보다도 강의를 듣게 될 학생들이라는 생각이 들었습니다. 실무에서 온전히 경험을 쌓은 사람이 전해주는 이야기는 무엇보다 값지기 때문입니다. 교실에서 듣는 이론적인 지식은 물론 중요하지만, 그것이 실제로 어떻게 적용되고, 어떤 결과를 만들어내는지를 알고 있는 사람에게서 배우는 것은 더욱 의미가 깊습니다. 선배의 경험담은 학생들에게 현실적인 통찰력을 제

공할 것이고, 이론과 실제를 연결 짓는 귀중한 기회가 될 것이라 확신합니다.

　이제는 더 이상 천상계의 글을 읽지도 쓰지도 않겠다고 다짐합니다. 실무와는 동떨어진, 그저 매끄럽게 정리된 이론에 불과한 글들은 무거운 머리에 잠깐의 청량감을 줄 수는 있을지 몰라도 현실의 갈증을 해소해주지는 못함을 알기 때문입니다. 직장경력 25년 정도 쌓은 후 그동안 몸소 겪은 리더십에 대해 극도의 현실주의자로서, 제대로 된 이야기를 써보고 싶은 마음입니다. 과연 잘 해낼 수 있을까요? 종이 낭비는 절대 하지 말아야겠다는 생각만이 들 뿐입니다.

2

직업인의 퇴사 고민과
글 잘 쓰는 법 사이

글을 쓸 때 중요한 것은 나 자신을 믿으라고, 무언가가 이
뤄질 거라고 최면을 거는 것이다.　　　　　　　 − 앤 라모트

직장인은 일하는 공간의 장이 필요한 사람들이고, 직업인
은 업을 추구하는 사람들이다.

　　　　　　　　　　　 − 강민호, 『브랜드가 되어간다는 것』

　강민호의 『브랜드가 되어간다는 것』에서 이 문장을 접하
며 깊은 생각에 잠겼습니다. 저자가 말하는 나만의 브랜드
를 갖기 위해서는 직업인이 되어야 한다고 합니다. 직업인
은 '업'에 대한 책임감을 느끼고 일관성 있게 수행하는 사람

입니다. 제게 누군가 "열정과 소명 의식 중 무엇이 더 필요하냐?"라고 묻는다면 이렇게 답하고 싶습니다.

"직업인에게 열정은 냉정하게 말해 변수고, 소명의식은 당연한 상수입니다."

소명의식에 최선을 다해 '업'을 수행하는 것은 절대 기계적이지 않아야 합니다. 납득할 수 없는 상황에서도 그런 태도를 유지하는 것은 더욱 어렵습니다. 조직에서 권위만을 내세우며 지적하는 경우를 종종 목격합니다. 그 지적이 마치 본인의 업무인 양 느껴질 때가 많습니다. 대안 없는 평가는 누구나 할 수 있고, 책임질 일이 없는 비판은 너무 쉽습니다. 그러나 직업인으로서 돈을 받고 고용된 이상, 권한이 위임되지 않은, 즉 재량권이 마련되어 있지 않은 상태에서 소꿉장난 같은 행태가 벌어지는 것은 이해할 수 없습니다.

더욱이 이러한 상황은 시니어 직업인에게는 더욱 맞지 않는 말입니다. 제 경험상, 1부터 100까지 모든 일을 다 챙길 수밖에 없었던 구조적인 문제는 참을 수 있었습니다. 그러나 약은 약사에게, 치료는 의사에게 맡기는 간단한 원칙이 무시되며 비전문가가 전문가의 영역에 개입하는 모습을 보면서 무력감과 함께 제 경험이 경시당한다고 느낀 적이 있었습니다. 더불어 그들이 한 지적이 과연 누구를 위한 것인지 의문도 들었습니다. 피고용인으로서 예의를 갖추고 대화를 시도했지만 소용이 없었습니다.

결국 더 이상 그런 상황을 참지 않기로 결심했습니다. 전문성과 경험을 존중하지 않는 조직에서의 고군분투는 이제 저에게 의미가 없다는 것을 깨달았고, 제 자신과 경력을 위해서라도 새로운 도전이 필요하다는 결론에 이르게 되었습니다. 제가 떠난 후에도 퇴사 러시가 계속되고 있다는 소식을 들으면서, 제 판단이 옳았음을 확인하는 동시에 씁쓸한 기분을 지울 수 없었습니다.

이런 고민은 우리의 글쓰기도 마찬가지입니다. 트리시 홀의 『뉴욕타임스 편집장의 글을 잘 쓰는 법』에서는 "당신이 모르는 것을 쓰지 말고, 독자를 우선하라."고 합니다. 결국 글쓰기는 정도와 선을 지키며 배려와 소통을 중요시하는 일입니다. 만약 글을 잘 쓴다면, 그것은 독자를 향한 진솔한 태도에서 비롯됩니다. 고대 로마의 정치가이자 작가였던 키케로의 말을 인용하며 마무리하고자 합니다.

"인류가 세기를 거듭하며 반복하는 여섯 가지 실수는 타인을 짓밟고 자신의 이득을 취할 믿음, 변할 수 없는 일을 걱정하는 태도, 성취할 수 없는 일에 대한 불가능한 주장, 사소한 일에 대한 과도한 신경, 정신을 발전시키지 않는 것, 자신이 믿는 바를 타인에게 강요하는 것."

불안한 마흔을 위한 쓰기 노하우 6.

글쓰기에서 독자를 중시해야 하는 이유 네 가지

1) 명확한 메시지 전달
글은 결국 독자에게 메시지를 전달하는 매개체이다. 독자의 배경과 관심사를 고려하면, 핵심 내용을 더욱 명확하게 표현하면 메시지 전달 효과가 커진다.

2) 독자의 공감 유도
독자가 공감할 수 있는 주제와 표현을 선택하면 글에 대한 몰입도가 높아진다. 독자가 자신과 연결된다고 느낄 때 글에 관한 관심이 커지고, 글쓴이의 의도에도 공감할 가능성이 크다.

3) 설득력 강화

독자의 관점을 이해하고 그에 맞춘 논리를 전개하면 설득력이 높아진다. 독자의 생각과 고민을 반영한 글쓰기는 독자를 존중하는 태도를 보여주며, 이를 통해 독자가 글쓴이의 의견에 쉽게 동의할 수 있다.

4) 의미 있는 경험 제공

독자의 이해 수준과 필요를 고려하여 글을 쓰면, 독자는 읽는 과정에서 더 큰 만족감을 얻을 수 있다. 이렇게 독자의 필요를 충족시키는 글쓰기는 독자에게 의미 있는 경험을 제공하고, 글의 가치를 높여준다.

매듭짓기 좋은 친구, 글

무슨 일이든 글쓰기부터 시작하라. 물은 수도꼭지가 켜질
때까지 흐르지 않는다.　　　　　　　　　　－ 루이스 라모르

　　인기 역사 강사 전한길의 『네 인생 우습지 않다』에서 유독
눈에 들어온 개념은 '매듭'이었습니다. 저자는 공부에 매듭이
필요하다고 강조하며, 꾸준히 그 수준을 유지하는 것이 대나
무로 비유할 때 일종의 매듭을 만드는 것이라고 설명했습니
다. 지치지 않고 매듭을 잘 만드는 것은 목표에 도달할 수 있
는 계획이 될 수 있다고 했습니다. 『한동일의 공부법』에서도
매일매일 매듭지은 하루하루가 모여 우리의 인생이 되며, 결
심도 그렇게 새롭게 하면 좋다고 언급했습니다. 저자들이 말

했듯이, 공부와 우리의 생활은 서로 닮아 있습니다.

한 선배에게서 다급한 전화가 왔습니다. 같이 일하는 후배에게 승진이 밀려 눈앞이 캄캄해, 극도의 어지러움을 호소했습니다. 저로서는 기껏 전화한 그가 기분 나쁠 수도 있으니 서둘러 전제를 깔았습니다. "선배, 존경하고 사랑하는 거 알죠? 나 완전 'T'(사고형)이니까 고려해서 잘 들어요." 결국 20년 넘게 쉼 없이 달려온 그에게는 자신을 돌보며 일종의 매듭을 맺을 시간이라고 생각했습니다. 본인에게 어떤 선택지가 있는지, 무엇을 원하는지를 휴가 동안 글을 써보면서 마음을 잘 들여다보라고 권했습니다.

매듭은 단순한 끝만 의미하진 않습니다. 매듭은 무언가를 묶고 고정하거나 두 줄을 연결하는 데 쓰이죠. 즉 한 부분의 완결일 뿐 아니라 또 다른 연결이자 시작입니다. 우리는 종종 매끄럽지 못하게 긴급하게 끝나거나 흐지부지한 것에 대해 미련을 갖곤 합니다. 이를 자이가르닉 효과라고 부릅니다. 첫사랑을 잊지 못하는 경우와 비슷합니다. 결실을 이루지 못한 것이 기억에 남는다는 점에서 미완성의 효과라 할 수 있습니다. 따라서, 작업을 완결 짓는 대신 잠시 중단하고 정리한 후 다음 단계로 넘어간다면 더 효과적일 수 있습니다.

이은화의 『너에게만 알려 주고 싶은, 무결점 글쓰기』에서의 글쓰기 정의를 추가해봅니다. "글쓰기는 나를 찾아가는 짙은 사유의 여정, 우리가 글쓰기에서 궁극적으로 추구해야하는 방향이다." 맞습니다. 자신이 무엇을 원하는지 들여다보며 정리하기 위해 글쓰기는 정말로 딱 맞는 방법입니다. 책 읽기를 좋아하고 남의 이야기를 잘 듣는, 논리적인 그 선배에게 본인의 생각을 글로 적어보라고 권유한 것도 그 때문입니다. 가뜩이나 머리 아픈 상황에서 또 하나의 부담을 주려 한 것은 아닌가 싶기도 합니다만 실은 저도 비슷한 경험을 했습니다.

갑작스럽게 회사로부터 직무 전환 통보를 받았을 때, 이를 받아들일 수 없다고 했습니다. 그 순간 돌아온 "원래 내가 당신을 다른 사람과 함께 뽑으려 했었는데, 그 사람이 오지 않아서 내 계획은 결국 실패한 거야."라는 듯한 후회 섞인 대답은 예상치 못한 무게로 다가왔습니다. 엎친 데 덮친 격으로, 문득 떠오르는 생각에 마음이 서늘해졌습니다. 그간 내 노력이 과연 무엇이었나. 최선을 다하며 달려왔지만 결국 나는 누군가의 계획의 일부였을 뿐이었단 사실에 모멸감이 밀려왔습니다. 열정을 쏟고 성과를 내어도 내 존재가 그저 하나의 "대체 가능"한 조각으로 여겨졌다는 그 순간, 스스로의 존재가 부정당하는 듯한 낯선 감정이 처음으로 가슴에 내려앉았습니다.

그러나 곧 냉정을 되찾았습니다. 감정에 휘둘리기보다는 나에게 남은 선택지들을 차분하게 정리해보기로 했습니다. 본연의 직무와는 크게 상관없는 업무를 받아들일 것인가, 아니면 퇴사를 선택할 것인가. 겉으로 보기엔 두 가지 옵션밖에 없는 듯했습니다. 하지만 정말 그것뿐일까? 여러 가능성을 두고 따져보기 시작했습니다. 그 과정에서 감정은 서랍 속에 잠시 넣어두고, 대신 노무사나 헤드헌터 선배와의 상담을 꺼내놓았습니다. 혼자서 고민하던 때와는 다르게 그들의 경험과 전문성이 힘이 되었습니다.

그리고 글을 쓰면서 쓸데없는 생각을 비워내고, 제가 원하는 것과 할 수 있는 것을 하나하나 정리해보았습니다. 마치 수많은 퍼즐 조각이 맞춰지듯, 제 선택이 분명해지기 시작했습니다. 제 글 속에서 답을 찾았고, 한결 가벼워진 마음으로 나아갈 길을 다시 생각하게 되었습니다. 글이 제게 준

힘은 예상보다 컸습니다. 복잡한 감정과 혼란 속에서도 글은 언제나 저를 차분하게 만들어 주었고, 객관적인 시선을 잃지 않도록 도와주었습니다.

그렇게 조금씩 글을 쓰며 앞에 놓인 산들을 하나하나 넘었던 것 같습니다. 사실 우리 앞에는 단 하나의 산만 있는 것이 아닙니다. 졸업 후 모든 것이 끝날 줄 알았는데 취직, 결혼, 이직 등 많은 선택지를 저울질해야 할 산들이 존재합니다. 걸리적거리는 방해물이 등산로를 가로막거나 아예 통제구역이 될 때, 이 단계를 끝내고 다음으로 넘어가기 위해 기분 환기를 위해 글을 적고 메모했습니다. 매듭짓기 위한 좋은 활용 방안으로 요즘은 퇴근 후 방황하지 않고 컴퓨터를 켜고 TV를 등진 채 앉아 있는 시간이 제법 많아졌습니다.

이 글을 읽는 당신이 지금 힘들고 고된 순간을 겪고 계신다면 쓰기로 매듭을 짓고 나아가길 바랍니다. 매듭은 단순히 끝을 의미하는 것이 아니라 새로운 시작으로 나아가는 연결이니까요. 어떤 선택을 하든 그 과정에서 자신을 더 깊이 이해할 수 있을 것입니다.

4

단순함이 미덕

> 무엇을 쓰든 짧게 써라. 그러면 읽힐 것이다. 명료하게 써
> 라. 그러면 이해될 것이다.　　　　　　　　　　－ 조셉 퓰리처

여기 17년 동안 3천 통의 편지를 쓴 분이 있습니다. 정말
대단하죠? 장동철의 『제법 괜찮은 리더가 되고픈 당신에게』
는 저자가 현대자동차 재직 시절 후배들에게 쓴 편지 중 알
토란같은 120편을 추린 책입니다. 이 책을 읽다 보면 따뜻하
게 마음을 감싸주는 핫팩 같은 느낌이 들지만, 때로는 간결
하면서도 날카로운 문구에 '앗, 뜨거워'하게 됩니다.

특히 '단순함'에 끌렸습니다. 흔히 '단순'이란 말에 '무식'이

라는 단어가 따라붙곤 합니다. 그러나 단순해지기 위해서는 무식이 아니라 불필요한 것을 덜어낼 줄 아는 고도의 지능이 필요합니다. 그래서 '단순 무식'은 틀린 말입니다. 복잡한 것에서 핵심을 남기려면 모든 것을 꿰뚫어 보는 통찰력이 있어야 하고, 그것이야말로 단순함의 미덕이자 세련됨입니다.

어렸을 때는 매사에 뾰족하고 복잡한 것이 좋아 보였던 기억이 있습니다. 엣지 있고 이야깃거리가 많을수록 멋있어 보였습니다. 그래서 날카로운 칼을 여러 개 들고 다니며 여기저기 찔러봤습니다. 그러나 어떤 칼은 들어가지 않았고, 어떤 칼은 튕겨져 그 칼날이 제게 향하기도 했습니다.

오랜 시행착오 끝에 이제는 선택과 집중을 하려고 노력합니다. 가정과 직장에서 대체적으로 여유롭고 느슨한 자세를 유지하되, 중요한 결정에는 신속히 날카로운 잣대를 들이대죠. 인간관계에서도 핵심만 남기고 가지치기하고 있습니다. 통 연락이 없는 사람들에게는 무소식이 희소식이라 생각하며, 핸드폰 주소록을 주기적으로 정리하고 있습니다.

이 책에서 저자가 20년 가까이 매일 편지를 쓴 이유는 소통을 거부하는 선배들에게 문제의식을 느꼈기 때문이라고 합니다. 획일적이고 수직적인 회사 분위기 속에서 그는 후배들과의 소통을 중요하게 여겼고, 이를 통해 리더로서 후배들의 생각을 존중하려고 다짐했다고 합니다.

샘 혼의 『말하지 않으면 인생은 바뀌지 않는다』에서 칼럼니스트 앤 랜더스의 흥미로운 이야기가 문득 생각납니다. 그는 사람들이 두 가지 유형으로 나뉜다고 말합니다. 방에 들어와서 "나 왔어요."라고 외치는 사람과, "아, 여기 계셨군요."라고 말하는 사람이 있다는 것입니다. 이 비유는 성공이란 대인관계에서의 상황 인식과 밀접하게 연관되어 있다는 점을 시사합니다. 하지만 저는 이 두 가지 유형 중 하나만을 선택하는 것이 아니라, 두 태도가 모두 필요하다고 생각합니다.

물론, "아, 여기 계셨군요."라는 겸손한 태도는 타인에게 깊은 인상을 주고 관계를 원만하게 만들어 줍니다. 그러나 그러기 위해서는 먼저 "나 왔어요."라고 자신을 드러내는 용기도 필요하지 않을까요? 자신의 존재를 인정하고 당당히 자신을 표현할 때, 우리는 비로소 다른 사람을 진정으로 바라볼 여유와 여지를 가질 수 있는 법입니다. 그래서 저는 "나 왔어요."가 되어야만 "아, 여기 계셨군요."라고 말할 수 있는 사람이 될 수 있다고 믿습니다.

이 이야기는 우리 자신에게도 적용해 볼 수 있습니다. 혹시 스스로와의 소통이 부족해서 생각이 복잡하고, 남과의 소통에 있어서 마음이 뾰족하지는 않았는지 돌아보는 것이 중요합니다. 『제법 괜찮은 리더가 되고픈 당신에게』의 저자 장동철이 매일 아침 7시에 자신에게 한 장의 편지를 쓰기 시작하면서 글쓰기가 익숙해졌고, 나중에는 글을 쓰지 않으면 마음이 불편할 정도가 되었다고 합니다. 이처럼 우리도 자신에게 편지를 쓰듯 글을 쓰기 시작한다면, 나 자신과의 소통이 자연스러워지고, 그동안 쌓여 있던 불신과 불통이 서서히 사라질 것입니다.

레오나르도 다빈치가 "단순함은 궁극의 정교함"이라고 말했듯이, 결국 복잡한 세상과 갈등하는 우리 마음을 이기는 것은 간결함입니다. 그것은 바로 선택과 집중에서 비롯된다고 생각합니다. 이제 나를 돌아보며, 자신을 스스로 너무 몰아붙이고 있지는 않은지, 내 역량을 총동원해 집중해야 할 것이 무엇인지, 한 번쯤 멈춰서 생각해 볼 때입니다. 그건 아마도 쓰기를 통해서일 것입니다.

문장을 간결하게 정리하는 방법

1) 핵심 메시지에 집중하기

문장마다 전하려는 핵심이 분명하게 드러나도록 불필요한 설명이나 부연 표현을 과감히 삭제한다.

2) 군더더기 표현 제거하기

불필요한 수식어, 중복된 단어, 관용구 등을 최소화한다. 예를 들어, "~하게 된 것입니다." 같은 장황한 표현 대신 "~입니다."와 같은 단순한 표현으로 바꾼다.

3) 긴 문장은 짧은 문장으로 분리하기

한 문장에 여러 아이디어를 담기보다는, 하나의 문장에 하나의 생각만 넣어 명확하게 전달한다.

4) 수동태보다는 능동태 사용

능동태로 표현하면 문장이 간결하고 힘 있게 다가간다. 예를 들어, "~가 되었습니다."보다는 "~했습니다."와 같이 능동태를 사용해 의미를 명확히 한다.

5) 명확한 단어 선택

정확하고 간결한 단어로 대체하여 불필요한 설명을 줄인다.

말보다 새기는 글로 버는 시간

> 나는 모든 인물에게 최고의 변호사를 선임해 준다는 생각으로 글을 쓴다.
>
> – 파울로 코엘료

요즘 부쩍 눈물이 잦아졌습니다. 아들의 점점 벌어지는 어깨와 이마의 울긋불긋 여드름을 보노라면, 앙 깨물어주고 픈 초절정 귀여움은 온데간데없이 사라지고, 가슴은 땅이 꺼질 듯한 한숨으로 무거우며, 어느새 닭똥 같은 눈물이 뚝뚝 떨어집니다. 남편은 자꾸 제게 영화 〈올가미〉 2024년 버전을 찍는 것이냐고 농담하곤 합니다. 그는 사랑을 다 표현하지 말고 적당한 거리를 두라고 조언합니다.

맞습니다. 부모와 자식 관계는 적당한 거리감과 건강한 긴장감이 필요합니다. 아이는 하루하루 성장하고 성숙해가는 반면, 나는 세월에 따라 늙고 낡아져 갑니다. 그 과정에서 부모와 자식 간의 거리는 점점 멀어지는 것 같습니다. 때로는 그런 변화가 자랑스럽고, 한편으론 홀가분하기도 합니다. 하지만 동시에 어딘가 모르게 슬프고 애달픈 마음도 드는 것이 사실입니다. 곽윤정의 『아들의 뇌』를 읽고 난 후 결심한 것이 있습니다. 이 제법 두꺼운 책의 핵심은 '아들의 뇌에 대한 이해'입니다.

아들의 뇌량이 가늘고 길어, 좌뇌와 우뇌 간의 정보 교환이 원활하지 않다고 합니다. 그로 인해 많은 양의 정보가 오가지 못하게 되는데, 엄마의 말이 길어지면 아들은 이야기를 제대로 이해하지 못하고 자기 생각에 빠지거나 딴청을 피우기 마련입니다. 그래서 서운하더라도 부모는 너그럽게 아량을 베풀고 이해해야 한다고 합니다.

이 책을 읽고 난 이후로, 저는 잔소리를 줄이기로 결심하고 하고 싶은 말을 적어 보는 노력을 하고 있습니다. 언젠가 그 메모를 출장 정산용 영수증 모으듯 차곡차곡 모아 아들에게 하고 싶은 말을 담은 책 한 권을 꼭 내보자는 다짐을 한 지 수년이 흘렀습니다. 입을 꾹 닫은 대신 분주하게 지금 이 글을 쓰는 오늘도 컴퓨터 자판 소리가 거실을 채우고 있습니다.

"작가님의 생각이 담긴 책을 자식이나 손주들에게 물려줄 수 있어서 참 부럽다." 북토크에서 많이 듣는 말입니다. 『마흔에게』의 저자 기시미 이치로는 책을 써서 사람들에게 하고 싶은 말을 전할 수 있고, 어떤 상태에서도 타자에게 공헌할 수 있으며, 그 책은 남으니 결국 쓰라고 합니다.

죽으면 모든 것이 끝입니다만 그런데도 사람들은 왜 그렇게 남기고 싶어 할까요? 도대체 무슨 미련이 남는 것일까요? 우리는 우리의 말을 온전히 이해받지 못한다는 사실을 잘 알고 있습니다. 사람들은 자신만의 갇힌 세계 안에서 말을 해석하고 소화할 뿐입니다. 전 그래서 인정욕구나 기대에 기댄 말을 삼키고, 쓰는 그 시간만큼은 온전히 내 것으로 만들며 다시 곱씹어보고 표현하는 게 더 소중하다고 생각합니다. 즉 일단 쓰기의 시간을 벌고 십분 활용하고자 합니다. 즉 백 마디 말보다 글이란 확실한 증거를 남긴다는 것이죠.

"말을 하는 방법을 배우는 것은 몇 년이면 충분하지만, 침묵하는 방법을 배우기 위해서는 평생이 걸린다."라는 어니스트 헤밍웨이의 말처럼, 특히 사춘기 자녀를 둔 부모에게는 더욱 그러합니다. 가시 돋친 말보다 글로 새기는 침묵으로, 속된 말로 '지랄총량'이 꽉꽉 채워지는 질풍노도의 이 혹독한 시절을 슬기롭게 보낼 수 있습니다. 아마도 제 네 번째 책은 아마 사춘기를 보내는 아들에게 들려주고픈 이야기가 되지 않을까 싶습니다. 고등학교 진학 문제로 언쟁을 벌이다 지쳐 잠든 아이의 쪼그라든 뒷모습에 가슴이 아립니다. 모두가 극한 난도의 폭풍을 겪으며, 각자의 방식으로 이겨내고 있겠지요. 모쪼록 우리가 건너는 게 부디 요단강이 아니길 바라면서.

6

내 발이 디딘
공간의 기억을 끼적

작가에게 눈물이 없다면, 독자에게 눈물도 없다. 작가에게
놀람이 없다면, 독자에게 놀람이 없다.   – 로버트 프로스트

김호연의 『매일 쓰고 다시 쓰고 끝까지 씁니다』를 비행기 안에서 읽으면서 저자의 삶을 통해 글쓰기의 중요성과 그에 필요한 공간에 대해 깊은 고민을 하게 되었습니다. 『망원동 브라더스』, 『불편한 편의점』 등의 책을 썼던 저자의 일대기를 읽기 전까지 잘 몰랐습니다. 오직 글쓰기를 위해 삶을 살아내는 끈덕진, 글쓰기 하나를 위해 처절하고 지독한, 전혀 흔치 않은 삶….

유난히 와닿은 부분이 있었습니다. 작은 공간이지만 생활과 작업을 분리해야겠다는 생각이 든 이유는 전업 작가로 제대로 글을 쓰고 싶었고, 이 일을 오래 할 것이라는 믿음이 있었으며, 생활과 글쓰기 사이에서 본인만의 리듬을 찾기 위한 애씀의 일환이었다고 말이죠. 맞습니다. 나만의 작업 공간, 사실 거창하게 생각할 것도 없습니다. 한 명 겨우 앉을 수 있는 비좁은 공간이어도 좋습니다. 내 몸 하나 어찌어찌 지킬 정도, 현재 제겐 15년도 넘은 낡은 식탁이 있는데, 그 한편이면 족합니다.

『김미경의 마흔 수업』의 저자 김미경도 자기가 공부할 수 있는 책상 하나는 꼭 가지라고 했습니다. 거실 소파를 밀어내든 테이블을 따로 두든 뭘 하든 간에 그 공간에 본인이 공부할 것들로 채우면서, 그래야 생각이 넓어지고, 세상을 볼 수 있는 눈이 커진다고 했습니다. 그래서 김호연 작가는 대한민국 방방곡곡의 작가실을 찾아다니면서 그렇게 매일 꾸준히 글을 썼구나 싶었습니다.

사실 결혼하고 아이를 키우면서 가장 큰 단점이냐고 묻는다면, 아이의 방은 어떻게든 마련한다 해도 아무래도 나만의 공간을 고집하기가 어렵다는 겁니다. 돌이켜본 건데 예전 저만의 안락한 동굴은 다름 아닌 사외기숙사 작은 한 칸짜리 방이었습니다. 며칠 전 4월 16일은 세월호 10주기. 그때 저는 그곳에서 아마도 제 일생의 총량의 눈물을 펑펑 흘렸습니다. 실종자들의 생존 가능성을 높일 수 있는 작은 숨 쉴 공간인 에어포켓을 찾으며, 가라앉고 있는 배 위를 디디고 올라가 구조를 기다렸던 사람들을 보고, 당시 느꼈던 절망과 고통이 아직도 마음 한쪽에 남아 있습니다. 그날의 경험은 제게 글쓰기의 진정한 이유를 다시 생각하게 합니다.

10년이나 지난 지금 식탁에 앉아 오전에 도서관에서 한아름 빌려온 책들을 뒤적이며 요란하게 떨고 있는 나의 발을 잠시 멈추고 문득 바라봅니다. 250mm(발 크기), 나를 딛고 일어서게 하는 그만큼의 공간이 얼마나 소중한지를, 그 작디작은 공간만으로도 어떤 이에겐 평범한 일상이 꾸려진다는 사실을. 그동안 무심코 지나친 내 두 발을 한참 물끄러미 쳐다보았던 기억이 스쳐 지나갑니다.

'작가는 그리고 일반적으로 모든 사람은 자신에게 일어나는 모든 일을 자산으로 생각해야 한다.' 호르헤 루이스 보르헤스가 말했듯 이렇게 가슴속에 맺힌 것을 낱낱이 써서 아낌없이 보여주면 통할까요? 세월이 흐르면 날이 선 감정도 뾰족한 기억도 무뎌지고 다 소멸한다지만, 아마도 제 일생의 눈물을 소진했던 그날의, 제 두 발 닿은 그 공간의 기억을 그렇게 소환한, 숨쉬기도 미안했던 4월의 열여섯 번째 날은 여전히 가슴 한편을 먹먹하게 합니다. 그분들을 봐서라도 더 열심히 더 치열하게 써야겠습니다.

7

슬픔과 침묵으로
여인숙 짓기

고생도 없이 써 갈긴 책은 독자에게 아무런 기쁨도 줄 수
없는 그저 종이와 시간의 낭비일 뿐이다. 　－새뮤얼 존슨

　10살이 채 안 돼 보이는 앳된 얼굴의 소녀가 본인 몸집만
큼이나 큰, 다친 아이를 둘러업고 아스팔트 길을 맨발로 걷
는 사진을 보았습니다. 이스라엘과 하마스 전쟁이 발발한
지 1년이 넘었지만 아직 끝날 조짐은 없습니다. 그사이 가자
지구에서는 4만 4천 명(2024. 11월 기준)이 사망했고, 절반
이상은 여성과 어린이라고 합니다. 이러한 상황 속에서도
사태 해결을 위한 돌파구가 보이지 않으니 무력감과 안타까
움이 가슴을 짓누릅니다.

오. 헨리의 단편인 『백작과 결혼식 손님』에서 젊은 시절의 슬픔과 노년의 슬픔은 다르다고 하더군요. 젊은 시절의 짐은 다른 사람과 나누면 가벼워지지만, 노년에는 나누어도 슬픔은 항상 그대로입니다. 나이 듦에 따라 쌓이는 고독과 비애의 무게는 전혀 가볍지 않습니다. 40대 중반의 저는 과연 얼마만큼의 슬픔을 축적하고 있는지, 문득 생각하게 됩니다.

　이란의 시인 잘랄루딘 루미의 시 「여인숙」이 떠오릅니다. "인간이란 존재는 여인숙과 같다. 매일 아침 새로운 손님이 도착한다."로 시작하는 이 시는, 인간의 삶을 여인숙에 비유합니다. 모든 것이 나의 삶에 초대된 것이라는 뜻입니다. 슬픔과 기쁨도 모두 받아들이라고 하죠. 젊었을 때는 격렬한 비탄의 감정을 느끼기도 했지만, 나이를 먹어가며 그 감정은 점차 고요해진다고도 『읽는 인간』의 저자 오에 겐자부로는 말합니다.

　그러나 저자보다 나이가 많은 한 친구는 나이가 들면 고요해야 할 슬픔이 거꾸로 더 광폭하고 격렬한 슬픔이 된다고 했습니다. 당장 궁금하긴 하나 저는 잠자코 기다려볼 생각입니다. 오에 겐자부로의 손을 들어줄지, 아니면 그의 친구 말에 공감할지 말지를요.

세계가 전쟁과 수렁 속으로 빠져드는 이 현실에서, 노벨문학상을 수상한 한강 작가가 인터뷰를 거절한 것에 담긴 깊은 슬픔과 연민을 저 또한 이해할 수 있을 것 같습니다. 더불어 저는 황해도 출신 실향민의 후손으로서 러시아에 파병 간 수많은 북한 청년들이 남 일로 다가오지 않음에 가슴이 먹먹해집니다.

이 슬픔을 삼키기 위해, 글 속에서 침묵을 청하려 합니다. 글을 쓰는 순간의 고요는 단순한 정적이 아닙니다. 오히려 유유히 흐르는 시간 속에서 나 자신을 새롭게 깨닫고 확장할 수 있는 공간을 제공합니다. 글을 쓰는 동안 저는 지금 살아 있음을 강하게 느끼고, 그 살아있음에 감사할 뿐입니다. 비극속에서도 계속해서 글을 쓸 수 있다는 사실이, 제가 붙잡을 수 있는 작은 구원이자 위안임을 깨닫습니다.

8

누울 자리 보고
펜을 들어라

글 쓰는 것은 쉽다. 그저 혈관을 열고 피를 흘리면 된다.

– 레드 스미스

아이들과 함께 찍은 사진을 꺼내 보며 추억에 잠기는 순간, 그때의 노곤함이 떠오릅니다. 주말마다 사회복지 실습하며 약 2만 보를 아이들과 함께 걸었던 걸 기억합니다. 불볕더위 속에서 숨이 막힐 듯한 날들도 많았지만, 가끔 시원한 바람이 불어오면 그 덕분에 힘을 내어 집으로 돌아올 수 있었습니다. 온종일 게임과 유튜브에 빠진 아이들을 어떻게든 끌어내어 강아지풀을 뜯고 메뚜기를 잡으며, 왜가리에 관해 설명해 주는 것이 제 사명인 것처럼 느꼈습니다.

프리라이더(free rider), 그런데 실습생 중 몇몇은 프로그램 계획도 없이 매주 다른 사람들의 도움을 받아 청소와 빨래를 하고 에어컨 바람만 쐬는 모습이 참 편해 보였습니다. 젊은 실습생들이 차려주는 아침과 점심도 당연하게 받아먹더군요. 다른 사람들의 활동을 관찰하며 방관하는 게 자신의 실습이라고 여기는 염치없음에 된더위 속 숨 막힘보다도 더 답답했습니다. "어르신은 실습생이지 고객이 아니고, 실습일지는 전지적 참견 시점의 관찰일기가 아닙니다."라고 말하고 싶은 마음을 애써 누른 적이 한두 번이 아니었습니다.

비교될지 모르겠지만, 일본의 단카이 세대에 대한 기사가 떠오릅니다. 그들은 누가 부르든 부르지 않든 필요한 곳을 스스로 찾아다니며, 점퍼에 가방 하나 둘러매고 청년처럼 활동합니다. 특히 지하철에서는 자리에 앉지 않는 것이 당연하고, 건강을 위해서도 웬만한 거리는 걷는다고 합니다. 젊은이에게 대접받아야 한다는 의식이 없고, 자립적인 삶을 살기 위해 노력합니다. 이는 자신에게 부족함이 있음을 인정하는 것에서 시작됩니다.

나이가 드는 것은 자연스러운 일이지만, 나이 들었다는

이유만으로 대접받고자 하는 마음은 자연스럽지 않습니다. 이런 마음은 오히려 타인에게 불편함을 줄 수 있기 때문입니다. 누구나 자신이 맡은 책임과 의무를 다해야 하며, 나이가 들었다고 해서 이러한 역할의 무게가 가벼워지지는 않습니다. 진정한 권위는 나이에서 비롯되는 것이 아니라, 타인을 배려하는 마음과 성숙한 태도에서 우러나옵니다. 이러한 노력이 없다면, 그에 걸맞은 존중과 대우도 자연스럽게 따라오지 않을 것입니다.

악셀 하케는 『무례한 시대를 품위 있게 건너는 법』에서 품위를 다음과 같이 정의했습니다. "품위란 다른 이들과 기본적인 연대 의식을 느끼는 것이며, 우리가 모두 생을 공유하고 있다는 것을 인식하는 것입니다." 또한 그는 삶에 대한 근본적인 문제의식이 크든 작든 중요하다는 점을 강조하며, 이를 일상의 모든 상황 속에서 유연하게 받아들여야 한다고 말합니다. 이는 사회복지사 윤리강령과도 겹치는 부분입니다. 사회복지사는 모든 인간의 존엄성과 가치를 존중하고, 사회적·경제적 약자들을 위해 사회정의와 평등을 실현하는 데 헌신해야 합니다. 이들은 도움이 필요한 사람들의 사회적 지위와 기능을 향상하기 위해 함께 일하며, 사회제도

개선에도 주도적으로 참여해야 합니다.

　이러한 가치는 나이가 들어도 결코 소홀히 여길 수 없는 중요한 원칙임을 다시금 되새기게 됩니다. 갑자기 무슨 공자 왈 맹자 왈이냐 하겠지만, 사회복지 관련해선 어떻게든 무임승차를 하여 본인들의 소기의 목적만 달성하면 단순히 끝이 아닙니다. 결국 그들이 행하는 서비스는 어떤 품질과 수준을 갖출지는 불 보듯 뻔한 일이고, 피해는 오롯이 고객들에게 돌아가게 되어 있습니다. 그래서 제 정색과 걱정이 전혀 쓸데없지 않으며, 안티 노인 공경이라고 치부해서는 안 될 일입니다. 모든 전문직이 마찬가지겠지만, 자신이 가진 전문성과 전문직의 품위를 지키기 위한 '책무성'을 다하는 노력은 사회복지사를 꿈꾸는 이들에게도 꼭 필요한 덕목입니다. 이는 모든 어른에게 통용될 수 있는 문제이기도 합니다. 그래서 저는 죽을 때까지 진정 어른답게 체면을 차리면서 품격 있게 일하는 노력을 게을리하지 않고 싶습니다. 오래간만에 경영컨설턴트 오마에 겐이치의『프로페셔널의 4가지 조건』을 보며 펜을 잡고 꾹꾹 눌러써 가며, 마음을 다 잡아야겠습니다.

스페셜리스트는 좁고 깊게 아는 사람.

자신과 그녀의 이익을 위우서

프로는 고객 나하가 전체사회의 이익을
먼저 생각

프로 에게는 4가지 핵심역량이 필요하다.
앞을 내다보는 힘. 선견력.
구상하는 힘. 구상력.
토론하는 힘. 토론력.
모순에적응하는 힘. 적응력.

오마에 겐이치, 『프로페셔널의 4가지 조건』 중에서

9

낙엽의 시기에
어울리는 글쓰기

언어만 있고, 사물이 없는 글을 짓지 말 것, 아프지도 않은
데 신음하는 글을 짓지 말 것!   – 후스

바야흐로 발길에 차이는 게 수북한 낙엽의 시기, 계절적
으로나 인생의 국면에서나 변화를 향한 고민이 가득한 시점
이죠. 일상에서 느끼는 불안과 갈등은 마치 젖은 낙엽처럼
우리를 꽉 붙들고 있는 것만 같습니다. 직장인의 경우 승진
이 제때 이루어지지 않아 후배에게서 지시받아야 하는 상황
에 직면했을 때 주변의 시선에 아무리 무덤덤해지려고 노력
해도 정말 쉽지 않습니다. 이렇게 '아, 몰라.' 젖은 낙엽으로
딱 붙어 남아 있어야 할지, 아니면 바람을 타고 다른 곳으로

날아가야 할지 혼란스러운 연말이 다가옵니다.

"아직도 다니셔? 대단하다." 전 회사를 나온 지 5년이 넘었는데, 벤저민 버튼의 시간이 거꾸로 가는 것도 아니고, 저보다 훨씬 나이 많은 분들이 아직 다니고 계신다는 이야기에 이제 놀라지도 눈도 깜빡이지도 않습니다. 예전의 '대단하다.'가 그저 놀라움의 뉘앙스였다면, 지금은 경외감을 담고 있습니다. 변화된 제 자신도 참 신기합니다. 후배들과 동료들 꽃길에 거추장스럽게 딱 붙어 있는 젖은 낙엽만큼은 극렬히 미워했던 제가, 수많은 반면교사를 보면서 나는 죽었다 깨어나도 그러지 않으리라 다짐했던 제가 말이죠.

마이크로소프트사에서의 23년 경력을 뒤로하고 과감히 퇴사한 사와 마도카가 '똑똑한 때려치우기'를 통해 더 자유롭고 행복한 삶을 살아가는 방도를 알려주는데요. 그의 책 『때려치우기의 기술』에선 현명하게 적정한 시기에 맞춰서 손절하는 것은 상당한 용기를 동반한 고도의 솜씨라 했습니다.

매몰 비용을 예를 들 수 있겠는데, 경제학 개념으로 특정 경제 행위에 고정비 중 어떤 의사결정을 해도 회수할 수 없는 걸 말합니다. 실제로 매몰 비용을 뒤로 하고 변화의 힘과 의지로만 그걸 실행에 옮기는 건 참으로 어렵습니다. 제 경우는 더욱 복잡했습니다. 도대체 어떻게 들어간 직장인데요. 갓난아이를 엄마와 남편에게 맡기고 수년간 기숙사 생활을 하며 열렬히 다닌 회사였습니다. 그런데도 승진이나 커리어발전이 어렵다 해 그만두는 게 과연 맞는 결정인지 고민에 고민을 거듭했습니다.

매몰 비용을 단순히 좋은 추억으로만 놔두는 것은 어려운 일입니다. 그걸 극복하려면 많은 내공이 필요하다는 것을 깨닫게 됩니다. 그리고 가족을 위한 결정, 즉 자신의 욕망보다 타인을 먼저 고려하는 박애적 선택 또한 얼마나 복잡하고 힘든 일인지도 충분히 경험한 바 있습니다.

요조의 『실패를 사랑하는 직업』에서 모른다는 말로 도망치는 사람과 모른다는 말로 다가가는 사람, 세계는 이렇게도 나뉜다고 하더라고요. 결국 선택은 각자의 몫입니다. 더 이상 버티고 싶지 않은, 버티지 못할 순간이 온다면 그건 다른 변모를 꾀하라는 신호와도 같으니 찰떡같이 알아듣고 지금의 견디는 것을 멈추고 방향을 트느냐, 아니면 온전히 나의 것으로 받아들이고 숨죽여 견뎌내느냐. 아니면 마지막으로 비겁하게 냅다 줄행랑을 치는 도망자 신세가 되느냐.

책을 읽고 글을 쓰며 사유하는 우리는, 세월이 만들어낸 무상함에 억울해하거나 조용히 흘러가도록 내버려두는 대신, 분명한 결심을 해야 할 때가 있음을 압니다. 자신이 낙엽이 되었다는 사실이 비록 아쉬울지라도 그것에 매몰되지 않고 담담히 받아들이며 변화에 적응하는 지혜가 필요하다는 것도요.

전주의 북토크에서 만난 독자분은 화를 잠재우기 위해 책을 읽고 35년간의 공직 생활을 마친 후 여러 책 모임을 가지며 글을 연재하고 계셨습니다. 이러한 만남은 제게 지금 이 순간의 선택이 무엇이든, 내가 원하는 방향으로 나아가겠다는 마음가짐이 가장 중요하다는 것을 깨닫게 해주었습니다. 그래서 우리는 글쓰기를 통해 나아가야 합니다. 글쓰기는 단순한 행위가 아니라, 자신을 표현하고 삶을 반추하는 중요한 과정임을 저는 믿습니다.

10

구일신, 일일신, 우일신은 됐고

글쓰기는 아무것도 아니다. 당신이 할 것은 타자기 앞에서
피를 흘리는 것이다.　　　　　　　　　 – 어니스트 헤밍웨이

　나이 듦이란 무엇일까요? 누군가는 나이 듦을 더 이상 희
망을 찾지 않는 상태, 더는 스스로에게서 가능성을 보지 않
고 남에게 기대는 것을 의미한다고 합니다. 그런 말을 들을
때면 내 마음에도 비수처럼 꽂히는 현실의 소리가 생생하게
들립니다. 남편에게 스타트업에서 나이를 많이 보는 것 같
다고 푸념했더니, 그는 냉정하게 말했습니다. "고용주 처지
에서 생각해 봐. 나이도 스펙이야. 너 같으면 나이가 많은
직원을 쓰고 싶겠어?"

메타의 최고재무책임자로 30대 중반의 수전 리가 내정됐을 때도 그랬습니다. 그녀는 무려 14년 경력을 갖춘 전문가였지만, 사람들은 그보다 '잠재력에 배팅했다.'고 하더군요. 어떤 면에서 그녀의 잠재력을 그렇게 알아본 것일까 참으로 궁금했습니다. 한편 생각나는 이는 대한민국 정치에서 한때 신선한 바람을 일으켰던 전 여당 대표였습니다. 젊고 참신한 모습으로 기대를 모았지만, 시간이 지나면서 그 역시 시대의 흐름에 휩쓸려 마모되어 가는 모습을 보았죠.

구일신, 일일신, 우일신(苟日新, 日日新, 又日新). 공자의 이 말은 어느 날 이전보다 새로워졌다면, 나날이 새로워지고 더욱더 나날이 새로워지라는 의미를 담고 있습니다. 그러나 해변의 돌도 세월과 파도의 흐름에 깎여 둥글어지는 것이 자연의 이치인데, 나이 들면서 어떻게 나날이 새로워진다는 걸까요? 그 말은 무척 이상적이지만, 실상 그 흐름에 맞서기란 생각만큼 쉽지 않습니다.

무라카미 하루키의 『고양이를 버리다』에서 저자는 아버지와 자신의 시대, 사고방식, 세계관이 너무 다르다고 고백합니다. 그 차이를 좁히려는 시도가 더 일찍 있었다면 조금은 달라졌을 것이라 말하지만, 결국 그는 자신의 시간과 에너지를 다른 곳에 쓰기로 했습니다. 아버지와 겨우 대화를 나눈 시점은 그가 예순, 아버지가 구순이었을 때였습니다. 아, 얼마나 깊은 탄식인가요.

사실 우리 모두 알고 있습니다. 나이가 많다는 것, 적다는 것이 결코 내세울 만한 지위가 아니라는 것을. 그저 서로를 인정하고, 역지사지의 마음으로 이해하는 것이 중요합니다. 영화 〈인턴〉에서 로버트 드니로가 "뮤지션에게 은퇴란 없다. 음악이 사라지면 그때 멈출 뿐, 내 안엔 아직 음악이 남아 있다."라고 말했듯이, 나이는 단지 숫자일 뿐입니다. 중요한 것은 우리가 무엇을 남기고자 하느냐, 그리고 그 열정을 언제까지 가지고 갈 수 있느냐입니다.

시니어 인턴이든, 30대 최고재무관리자이든, 정치인이든, 모두가 자기만의 무대에서 각자의 인정을 위해 싸우고 있는 것 아닐까요? 나이가 많다고 해서, 적다고 해서 자신을 궁지에 몰 필요는 없습니다. 각자 자신의 기준에 맞게 자신만의 길을 가면 그뿐입니다.

남편의 무뚝뚝한 대답에 속으로 잠시 주춤했지만, 문득 이런 답이 떠올랐습니다. '뭐, 아니면 말지. 그냥 받아들이자.' 이 무심한 깨달음은 이상하게도 마음을 가라앉혔습니다. 계절이 변하듯, 삶도 흘러 봄이면 꽃이 피고, 여름엔 장마가 오고, 가을에는 낙엽이 지며, 겨울이면 자연스레 모든 것이 잠들어가는 법이니까요. 그런데 갑자기 궁금해졌습니다. '나는 언제까지 겨울일까? 여보, 에어컨을 18도로 맞췄어? 왜 이렇게 춥지?'

성남의 북토크에서 만난 한 독자분이 떠올랐습니다. 수십 군데 투고 끝에 드디어 본인의 책을 내게 되었다며 함께 기쁨을 나누었지만, 저는 출간의 꿈이 여전히 멀게만 느껴졌습니다. 지금 이 순간 따끈한 생강차 한 잔으로 몸을 녹이며 제가 쓴 글들을 모아 출판사에 이메일을 보내고 있습니다. 이 과정으로 마치 제 인생의 한 단락을 정리해가는 것 같기도 합니다. 이 차디찬 겨울 같은 여름이 언제 끝날지 모르겠지만, 분명 쨍한 순간은 찾아오겠지요. 그러니 지금은 아마도 쓰기와 함께 하는 벼름질의 시간일 겁니다.

출판기획서의 핵심 4가지

1) 책의 주제와 차별성

책의 주제와 내용이 다른 책들과 어떤 차이점이 있는지, 즉 셀링 포인트를 명확히 한다.

2) 대상 독자 및 시장 분석

책의 대상 독자와 기존 시장을 분석하여 차별점을 부각한다. 어떤 독자가 이 책에 관심을 가질 것이며, 기존의 유사 도서와 비교했을 때 이 책이 어떻게 독자에게 더 가치 있게 다가갈 수 있는지를 설명한다.

3) 저자의 경험 및 동기

저자가 왜 이 주제를 선택했는지를 설명하고, 자신의 경험이나 이력을 버무려서 서술한다. 이는 출판사에게 저자에 대한 신뢰를 주며, 책에 대한 열정을 보여준다.

4) 구체적인 계획 (마케팅, 집필 등)

책을 완성하기 위한 현실적이고 구체적인 계획을 제시한다. 마케팅 방법, 집필 일정 등을 명시하여 출판사에 실행 가능성을 전달한다.

출판 기획안 초안

1. 이 책은 어떤 책일까요?

1) 제목 또는 핵심 콘셉트, 분야 등

① 가제(제목): 찢긴 마음을 글쓰기로 꿰매요

마음이 지하 속으로 꺼져 내려가거나 아무 느낌이 없는 멍한 상태를 자주 느끼시는지, 어찌어찌 이끌려 직장인 20년 차가 된 저자 변한다가 때론 집요하게 때론 헐렁하게 때론 관조적으로 글을 쓰고 주변과 사물, 환경을 바라보는 다채로운 관점들을 조망해보고자 함

② 핵심 콘셉트: 누군가는 술을 먹고 누군가는 담배를 피우고 누군가는 약을 하고 누군가는 불평불만과 질투를 하고 그러기에는 인생이 너무 짧더라, 글쓰기로 번잡한 세상을 잘 살아가려고 애쓰는 변한다 작가의 쓰기와 연관된 일상 이야기에서 공감을 통해 서로 위로하고 치유하고자 함

③ 분야: 인문, 에세이, 자기계발

2) 핵심 대상 독자 및 이 책을 출간하려는 이유

① 핵심 대상 독자: 불안과 걱정이 많은 독자(꼭 40대가 아니어도)

② 이 책을 출간하려는 이유:『대통령의 글쓰기』의 저자 강원국,『유시민의 글쓰기 특강』의 저자 유시민 등 유명인들의 넘사벽 글쓰기 책들이 있음, 그리고 글을 어떻게 잘 쓰면 좋은지에 대한 방법론적 글쓰기 책들 – 예를 들어 스티븐 킹의 『유혹하는 글쓰기』, 은유의『글쓰기 상담소』, 박종인의『기자의 글쓰기』도 많음,『찢긴 마음을 글쓰기로 꿰매요』(가제)는 그런 종류의 책이 아님, 평범한 개인들의 삶들이 다양해질수록 세상이 세밀해지고 우리 각자가 선택하고 만족할 수 있는 삶의 범주도 그만큼 넓어지고 스펙트럼도 다채로워진다고 생각하기에 그런 의미에서『찢긴 마음을 글쓰기로 꿰매요』(가제)를 통해 불안하고 걱정 많은 이들의 생존법의 일환으로 글쓰기가 그들의 일상에 슬며시 스며들기 바라는 차원에서 탄생했음, 더불어 독자들의 삶도 저자의 삶처럼 크게 나을 것도 모자란 것도 다를 것도 없구나! 그게 인간사의 본질이며, 글을 통해 어찌 됐든 이 복잡다단한 세상을 살아가는 일종의 연대를 꿈꿀 수 있는 작은 모티브가 되길 소

망하는 차원에서 출간하고자 함

→ 『찢긴 마음을 글쓰기로 꿰매요』(가제)는 일반인의 쓰기 책이나 '가장 개인적인 것이 가장 보편적이다.' 즉 평범함은 곧 각별한 것이고 위대한 것임을 보여주고자 함, 즉 별다를 게 없는 소소한 일상에서 별거 아닐 수 있는 글쓰기가 개인의 불안과 초조를 어떻게 잠재울 수 있는지를 이 책을 통해 증명하고 싶음, 글쓰기를 어떻게 잘해야 하지 하고 힘주고 읽을 게 아니라 힘 빼고 읽어도 충분히 좋을 책임

3) 원고 진행 일정
① 1차 탈고 일정: x월 말
② 2차 탈고 일정: x월 말
③ 출간 예정일: 2024년 하반기(출판사와 협의 예정)

2, 마케팅 계획

1) 지인을 이용한 PR
직장, 동호회 등 인적 네트워크를 이용하여 지인들을 통한 직접 구매와 판촉이 가능함

2) SNS 이용한 PR

저자 개인의 블로그, 페이스북 및 인스타그램을 통한 직접 홍보 가능

3) 북토크를 통한 오프라인 PR

발로 뛰는 저자로서 두 번째 책 『굶주린 마흔의 생존 독서』로 25회 이상 북토크 경험이 있어 직접 독자들과의 만남을 통해 홍보 가능(지금껏 주로 직접 섭외하고 진행 경력 보유)

3. 특별히 원하는 편집 방침 및 디자인에 대한 의견

1) 문고판 등 넓은 포켓에 쏙 들어갈 크기면 좋겠음

4. 예상 정가: 16,000~17,000원

11

틀려도 돼, 다만

나는 일필휘지를 믿지 않는다.　　　　　　　　　 – 최명희

"내 인플레이션 예측은 틀렸다."

뉴욕타임스에서 이 한 문장이 큰 화제를 모은 이유는 자신의 오류를 인정하는 일이 얼마나 중요한지를 다시금 일깨워 주기 때문입니다. 2008년 노벨경제학상 수상자인 폴 크루그먼 교수는 자신의 예측이 틀렸음을 솔직하게 인정하며 그 경험을 나누었습니다. 잘못을 인정하는 일이 쉽지는 않지만, 그만큼 가치 있고 용기 있는 행동이라는 사실을 그의 고백이 상기시켜 줍니다. 전문가의 겸손한 태도와 진정성

있는 사과는 대중에게 더 큰 울림을 주는 법이니까요.

언론매체에 '바로잡습니다'라는 제목 아래 정정 기사가 실리는 경우가 많은데요. 이는 미디어의 사실적 보도로 피해를 본 사람에게 해당 매체가 정정하도록 요구할 수 있는 권리에 해당하는데, 저는 이러한 상황까지 가지 않기 위해 신중을 기합니다. 서로의 얼굴을 붉히고 나면 다음번의 협력이 절대 쉽지 않기 때문입니다.

하지만 경험이 많은 분 중 일부는 자신의 오류를 인정하기 어려워합니다. 그들이 토씨 하나도 바꾸기 싫어하며, 여러 핑계를 대며 미루는 모습을 볼 때면 안타까움을 느낍니다. 이는 단순히 자존심의 문제가 아닌 것 같습니다. 전문가란 오류가 없는 사람이 아니라, 오류를 인정하고 수정할 수 있는 사람이라는 관점에서 볼 때, 이들의 태도는 문제라고 생각합니다. 이는 전문가의 자격에도 의문을 제기하게 합니다.

고미야 가즈요시의 『존재감을 드러내는 문제 해결력』에서는 문제 해결을 방해하는 벽을 허물기 위해 세 가지 질문을 던지라고 합니다. "왜?", "정말?", "그래서?" 요즘 저는 이

질문을 자주 스스로 던집니다. 이것은 우리 자신이 가진 일의 동기와 하는 일의 의미를 파악하는 데 큰 도움이 됩니다.

(   )을 위해 왜 그걸 해야 하지?

정말 그걸 해서 (   )에게 어떤 효과가 있지?

그래서 그다음 (   )은?

이렇게 질문을 던지다 보면 오류를 숨기지 않고 인정하며 정정하고픈 마음이 생깁니다. 괴테도 언급했듯이, 만약 우리가 진정으로 자신을 알고 있다면 아마도 숨고 싶어질 것입니다. 온전한 정신이라면 오류를 드러내는 일이 그렇게 간단하지 않다는 점에서, 저 역시 타인을 탓하기보다는 저자신의 부족함을 인정하고 배움의 자세를 유지하겠다고 다짐합니다. 우리는 모르는 것에 대해 침묵하고, 그 모름을 인정해야 합니다. 깨달음에는 귀를 열고 부단한 노력이 필요한 법입니다.

변화나 혁신은 물론, 한 번 뱉은 말을 주워 담고 일관성을 지키는 것이 얼마나 어려운지를 우리는 잘 알고 있습니다. 빅터 프랭클의 『죽음의 수용소에서』에서는 인간이 단순히 존재하는 것이 아니라, 상황에 굴복하거나 그것에 맞서 싸울 수 있는 주체라는 점을 강조합니다. 자포자기할 수도, 부딪혀 부러뜨릴 수도 있는 존재가 바로 인간입니다. 그리고 이러한 해석은 각자의 몫입니다.

영화 〈국가부도의 날〉에서는 위기에 대한 중요한 메시지를 전합니다. 위기는 반복되기에 두 번 지지 않으려면, 끊임없이 의심하고 사고하는 게 중요하다는 것입니다. 당연한 것을 당연하게 생각하지 않는 것 그리고 항상 깬 눈으로 세상을 바라보는 건 우리가 앞으로 나아가는 데 필수적입니다.

중요한 건 우리 스스로와의 관계를 더 좋게 하려면, 솔직하게 각자 중요한 것이 무엇인지를 알기 위해 두 눈 부릅뜨고 치열하게 다투어야 합니다. 그런 의미에서 오늘은 더 강렬하고 집요하게 글쓰기를 통해 이런 변화를 추구하겠습니다. 각자의 전투를 통해 나와 타인을 이해하고, 더 나은 길로 나아갈 수 있도록 노력하는 걸 우리 약속하기로 해요.

당신의 시선을 내면으로 돌리십시오.
당신은 발견하게 될 것입니다.
당신 마음 속에 존재하는 수천의 지역들을.
그것들은 아직 발견되지 않았습니다.
그 안으로 여행해보십시오.
그리고 자아응이라는 우주 지형의 전문가가
되십시오.   by '쓰기'

영국의 시인 윌리엄 해빙턴의 「나의 명예로운 친구, Ed P 경에게」

4장

일상 속으로

스며들다

평가가 두려워
시작조차 힘든 그대에게

> 글쓰기 재능을 연마하기 전에 뻔뻔함을 기르라고 말하고
> 싶다.　　　　　　　　　　　　　　　　　　　　 – 하퍼 리

　인생을 음식으로 생각하면 가래떡이 떠오릅니다. 반죽이
된 쌀을 넣어 늘씬하고 먹음직스럽게 쭉쭉 뽑아낼 수 있는
것처럼, 인생도 인풋 대비 적정한 아웃풋이 나오는 것입니
다. 우리가 글을 쓸 때도 마찬가지입니다. 타자를 두드리며
글을 채워가는 만큼 정성과 힘이 더해져, 어느덧 공백 없이 빼곡
히 가득 찹니다. 하지만 이 과정에 어김없이 끼어드는 훼방꾼이
있습니다. 그것은 다름 아닌 타인의 인정과 평가에 쉽게 위축되
는 우리 안의 또 다른 자아입니다.

완벽주의는 그 상황을 더욱 악화시킵니다. 너무 많은 생각을 하거나 지나치게 수정하려 하다 보면, 시간을 잡아먹고 스스로 지쳐 결국 글을 쓸 기회를 놓칠 수 있습니다. 그런 때에는 그냥 눈을 감고 자기 감을 믿고, 과감하게 지르는 것이 필요합니다. '뭐 그러든지 말든지'의 대범함으로 철저히 독자들의 몫으로 남겨두고 일단 써보는 것입니다. 즉 본연의 일인 글쓰기에 집중하면 문제를 해결할 수 있습니다.

　이런 태도는 사회생활에서도 같이 적용됩니다. 기시미 이치로의 『일과 인생』에서 상사가 화를 내어도 그 상사의 '감정'에 반응해서는 안 된다고 강조합니다. 누가 말하느냐에 집중할 게 아니라 무엇을 말하느냐에 주목하라는 겁니다. 이해하면 고치면 되고, 타인에 의해 휘둘릴 필요는 없다는 걸 명심해야 합니다. 진정한 프로는 자신의 감정에도 휘둘리지 않고 일하기 때문입니다.

　누군가를 향한 문장에 이미 마침표를 찍었다면 그 글은 내 손을 떠난 것입니다. 평가와 비판은 읽는 이가 나중에 하게 되는 것이지요. 창원 북토크에서 한 독자분은 제 글이 너무 짧아 읽다가 뚝뚝 끊긴다고 말씀하셨습니다. 그건 취향의 문제라며, 제 책을 중고 책방에 팔고 긴 글을 읽으라고 농담처럼 말씀드렸습니다. 그런데 정말로 진심이었습니다. 각자의 취향에 맞는 글을 찾아 읽는 것이야말로 독서의 즐거움이니까요.

글을 쓰고, 일하며 무언가를 하는 우리는 결국 잘 살아가기를 바랍니다. 생존을 넘어 행복을 추구하기 위해서죠. 그래서 실행에 옮기는 것입니다. 그러니 내가 소중하지 남의 시선에 겁먹고 신경 쓸 필요는 없습니다. 그런 변명이나 핑계를 대다 보면 우리는 영원히 시작할 수 없고, 끝내기도 어려워집니다. 만약 매번 상사나 동료, 지인이 하는 말의 감정까지 신경 쓴다면, 아마 미쳐버릴지도 모릅니다. 그렇게는 우리 삶을 영위할 수 없습니다.

알랭 드 보통의 『불안』에서는 우리가 실패를 두려워하는 이유가 단지 소득이나 지위를 잃는 것 때문만이 아니라, 사람들의 판단과 비웃음 때문이라고 말합니다. 하지만 그게 뭐 중요한가요? 내 글이 시시하고 별로 볼일이 없어 보여도, 누군가에게는 특별할 수 있고, 아닐 수도 있습니다. 울산 북토크에서 만난 한 독자분은 제 책을 3회독 했다고 말씀하셨고, 어떤 책방의 주인은 좀 더 필력을 보강해야겠다고 했습니다. 그는 아마도 수많은 수려한 글들을 읽어본 경험이 있는지라 제 책이 아쉽게도 그의 기준에 미치지 못했던 모양입니다.

그럼에도 불구하고 가장 중요한 것은 솔직한 나, 글쓰기를 시작하는 나 자신일 겁니다. 우리의 글쓰기는 자신의 목소리를 발견하고 표현하는 과정이며, 그 자체로 충분한 가치가 있으니까요.

최민식 배우가 tvN 예능 프로그램 〈유퀴즈〉에서 했던 말이 떠오릅니다. "일단 고!"라는 그의 외침처럼, 지치고 힘든 순간에도 빈 문서를 열고 그 앞에서 마음속 감정을 쏟아내 보세요. 그러다 보면 어느새 우리의 손이 키보드 위에서 자연스럽게 춤을 추게 될 것입니다. 저 역시 그렇게 글쓰기를 시작했습니다. 스스로가 갈팡질팡하고 어리석게 느껴질 때, 따뜻한 블랙 티 한 잔을 준비하고, 마음을 가라앉히며 컴퓨터 앞에 앉아 조용히 손을 움직였습니다.

여러분도 그렇게 시작하면 됩니다. 지금 이 순간, 이 말부터 적어보세요. 못 먹어도 고!

첫 문장 시작법 3가지

1) 인용
흥미로운 인용구로 독자의 관심을 끈다.

2) 에피소드
장면이나 상황을 묘사하여 독자가 몰입할 수 있게 한다.

3) 질문
질문을 던져 독자를 자극하고, 글에 집중할 수 있게 한다.

생각이 너무 많은
어른에게 권하다

글쓰기는 글쓰기를 통해서만 배울 수 있다. 바깥에서는 어떤 배움의 길도 없다.　　　　　　　　　— 나탈리 골드버그

"변 작가의 책을 보니 참 생각이 많아 보이더군요."

활달하고 사교적인 저를 띄엄띄엄 보는 사람들은 제가 생각이 별로 없고 거침없는 인물로 볼 수 있습니다. 하지만 사실 잘못 본 겁니다. 겉으로 보이는 제 외향성은 생각이 많아 보이는 것을 적당히 감추기 좋은 가면일 뿐입니다. 왜 숨기냐고요? 대개 생각이 많으면 어떤 사안에 대해 끊임없이 '왜'와 '어떻게'를 고민하다가 결국 미루거나 포기하게 되고, 이

는 주로 부정적인 결론에 이르게 됩니다. 저는 염세적이거나 패배주의자처럼 보이고 싶지 않았습니다. 다행히도 제 '비교적' 긍정적인 태도는 그런 부정적인 사고의 고리를 끊어주는 역할을 했습니다. 아마도 글쓰기는 제 진짜 본 모습, 즉 생각이 너무 많은 저를 드러내는 또 다른 방법일 것입니다.

『더 좋은 곳으로 가자』의 저자 정문정도 비슷한 이야기를 했습니다. 생각이 많다는 건 회사에 다닐 때는 본인의 단점이자 개선해야 할 문제라고 여겼지만, 이 자질이 작가로 일할 때는 장점이 되었다고요. 그녀에게 글쓰기는 익숙한 것에 질문하는 일이고 궁금해야 하는 일인 동시에 일상에서 낯선 의미를 찾아가는 과정이었습니다. 그래서 과도한 오버씽킹에 빠지지 않기 위해 '왜'라는 물음에 대한 답을 찾아가는 여정에서 글쓰기는 정말 좋은 방법이 됩니다. 요즘 AI와 같은 기술이 인간의 일을 대체할 것이라는 우려가 크지만, 생각이 많은 이들에게는 큰 위협이 되지 않습니다. AI는 사고하지 않고, 데이터를 처리하여 확률을 계산할 뿐입니다. 우리의 사고와는 본질적으로 거리가 멀 수 있습니다. 오히려 너무 생각이 많은 것이 AI와 비교해도 우리가 가진 강점이 될 수 있습니다.

강준만의 『글쓰기가 뭐라고』를 두 번째 읽었을 때, "써야지 생각한다. 뭘 알아야 쓰는 게 아니라 쓰면서 알게 된다."는 말이 깊이 와닿았습니다. 저자는 파블로 피카소를 인용하여, 원하는 것을 알기 위해서는 그리기 시작해야 한다고 강조합니다. 이는 앞서 언급한 쇼펜하우어의 '쓰면서 생각하는 저자'와 유사한 맥락입니다. 결국 쓸 글이나 그릴 그림이 없다는 것은 생각이나 알고 싶은 것이 없다는 뜻입니다. 내 생각도 없이 세상이 잘 굴러가고 내 삶이 크게 문제없어 보인다면 이는 모두 잘못되었다는 신호입니다. 그래서 생각이 많은 우리는 쓰면서 생각을 정리하고, 새로운 통찰을 발견할 수 있습니다. 물론 생각하기 자체는 고통스러울 수 있습니다. 글쓰기도 마찬가지입니다. 하지만 아프고 힘든 과정에서도 깨우침과 성숙이 뒤따릅니다.

이전에 글을 쓰지 않았던 시절, 짧은 주기를 두고 출간되는 작가들의 책을 읽고는 '생각 없는 글, 그 나물에 그 밥'이라며 낮은 점수를 주곤 했습니다. 그러나 쓰고 나서야 깨달았습니다. 그 나물에 그 밥 자체가 매우 어렵다는 것을요. 세상에 결과물을 내놓는 일이 얼마나 힘들고 요원한지를 알게 된 것입니다. 이제는 함부로 다른 이의 글을 평가하지 않습니다. 한가로이 평가할 여유가 있다면, 그 시간에 차라리 내 생각을 정리하는 데 쓰는 것이 낫다고 봅니다. 흘러넘치는 생각을 정리하고, 올바른 마음가짐을 세우는 것은 바로 글쓰기에서 시작됩니다. 그래서 우리는 글을 써야 합니다. 써야 하고말고요. 아무렴 그렇고말고요.

불안한 마흔을 위한 쓰기 노하우 10.

생각을 끊어내려면?

머릿속에 떠오르는 생각이나 걱정을 일단 쭉 종이에 적어보자. 이렇게 하면 생각이 시각화되어 더 이상 반복적으로 떠오르지 않게 된다. 정리된 목록을 통해 우선순위를 정해보고 필요한 조치를 취한다. 그렇다면 마음이 한결 편해진다. 이 과정은 불안감을 덜어주고, 문제를 더 명확하게 바라볼 수 있게 도와준다. 또한 적어둔 내용을 기반으로 계획까지 세우면 실질적인 행동으로 이어질 수 있어 더욱 효과적이다.

3

적어보아요, 그 무엇이든

첫 문장은 대단한 문장이 아니어도 상관없다. 흠잡을 데가
많은 조잡한 문장이어도 좋다. 한 문장 한 문장 써라. 한 문
장의 마침표를 찍기 무섭게 다음 문장을 써라. ― 존 디디온

2024 서울국제도서전에서 토요일 오전 한 시간 남짓 출
판사의 부스 한쪽을 지켰습니다. 출판업계는 줄어드는 독서
인구로 위기를 겪고 있다지만, 그곳은 마치 다른 세상이었
습니다. 3층 전시장에 들어가기 위해 길게 늘어선 줄을 보며
'아직 책을 사랑하는 사람들이 있구나. 내 책을 찾아줄 사람
도 분명 있겠지.'라는 희미한 희망을 느꼈습니다. 저자로서
독자들과 직접 만나 책을 소개하고 독서의 세계로 인도하

는, 오랜만에 느끼는 즐겁고 보람된 시간이었습니다.

　정말 행복했습니다. 누군가는 말했습니다. "공개적으로 말해버린 행복은 더 이상 행복이 아니라고. 행복이란 은밀하고 비밀스러운 것, 나만이 느끼는 것이 진정한 행복이다." 그만큼 행복은 지극히 개인적인 감정일 겁니다. 우리는 마음속에서만 알 수 있는 행복의 '수치' 같은 것이 있지 않나 생각했습니다. 그날 독자들을 만나 느낀 흥분과 설렘이 56%, 세 번째 책에 대한 묘한 불안감이 23%, 오래 서 있음으로 인한 허리 통증이 12%, 그리고 아들의 기말고사 공부는 잘되고 있을까 하는 걱정이 9% 정도였으니까요.

　박혜윤의 『숲속의 자본주의자』에도 비슷한 이야기가 나옵니다. "사는 건 산수가 아니니 오늘 보낸 시간의 결과를 알 수 없다."라고. 그래서 헨리 데이비드 소로는 이렇게 말했죠. "모든 삶은 개인적인 이유에 따른 비참한 실패다." 곰곰이 생각해 보면, 한국에서 명문대를 나와 중앙지 기자를 하다가 미국에서 석·박사 학위를 받은 저자가 엘리트의 전형대로 살아갈 수도 있었을 텐데, 이들은 시골에서 자급자족하며 만족스러운 삶을 살고 있습니다. 일반적인 성공의 길을 걷다 멈춘 후 비로소 느낀 특별한 환희일까요?

이 책에 대한 평 중 눈에 띄었던 건, 저자가 조선일보 김
대중 주필의 며느리라 경제적 여유가 있기에 실제 가능하지
않았을까 하는 것이었습니다. 그러나 책을 읽다 보면 그 결
단과 실행이 경제적 여유와 상관없이 얼마나 어려운 일인지
쉽게 알 수 있습니다. 사실 매 챕터를 읽으며 내면의 저와
수없이 대화하는 느낌을 받았고, 결국 생각을 정리하려 펜
을 들었습니다.

Q: 호밀빵을 굽고 수확한 채소를 먹으며 살 수 있을까?

A: 나는 뻑뻑한 빵도, 고기 없는 야채도 별로인데, 선인장도
　　내가 키우면 다 죽는걸.

Q: 정사서 자격증 2급을 따면 시골에서 살 수 있을까?

A: 당장 시골 도서관에서 일하기엔 너무 젊지 않나? 고작
　　40대인데….

Q: 남편과 아이에게 전원생활을 설득할 수 있을까?

A: 남편은 질색할 테고, 아이도 마찬가지겠지….

결국 내가 원하는 삶이 무엇인지 아는 것도, 그것을 지키기도 참으로 어려운 일입니다. 그러나 자신을 돌아보지 않으면 세상이 어떻게 변하든 무의식적으로 떠밀려 흘러가기에 십상입니다. 내가 진정 원하는 것이 무엇인지 자문하고, 그 답을 찾는 과정에서 글쓰기는 아주 유용한 도구입니다. 펜을 들고 자신을 배려하는 태도를 잃지 않는다면, 우리는 보다 바르고 부끄럽지 않게 살아갈 수 있을 것입니다. 그래서 우리는 적어야 합니다. 정말 써야 한다고요. 쉬이 흘려보내지 말고. 오늘 다르고 내일 또 다를지언정, 지금 내리는 변덕스러운 비처럼.

4

간절하지 않으면
영감도 없다

작가는 다른 사람들보다 글쓰기를 어려워하는 사람이다.

— 토마스 만

"나는 소심해서 낯을 가려서 영업이 체질이 아니라고 하는 사람들을 믿지 않는다. 단지 생존이 절실하지 않은 사람들이라고 여기고 일을 주지 않는다." 이 글에서 『돈 되는 말하기 기술』의 저자 장지웅은 간절함의 중요성을 강조합니다. 우리는 흔히 '체질'이라는 말을 하지만, 결국 '간절함'이란 요소가 없으면 행동으로 이어지지 않습니다.

저는 MBTI를 그냥 참고사항 정도로 여깁니다. 어떤 날은 스티브 잡스와 같은 통솔자 유형 ENTJ-A, 또 어느 날은 크리에이티브가 잘 맞는 재기발랄한 활동가 ENFP입니다. 이렇듯 제 성향이 오락가락한다고 해서 제게 주어진 일을 하지 못할 이유는 없습니다. 만약 대민의 기회가 많은 영업을 하고자 한다면 제 체질을 그 일에 맞추고자 하는 절실함이 필요합니다. 승패를 좌우하는 많은 요소 중 제가 조절할 수 있는 것은 오직 간절함뿐입니다.

모델 한혜진이 이야기한 것처럼, 세상에는 우리가 어찌할 수 없는 것이 많습니다. 그중에서도 운동을 통해 몸을 변화시키는 것은 전적으로 본인의 영역입니다. 얼마나 바라고 얼마나 원하는지, 이는 결국 본인 자신도 속일 수 없습니다. 그렇다면 글을 쓰고자 하는 우리의 간절함은 무엇일까요? 진정으로 글을 쓰고 싶은지, 아니면 주위의 시선을 끌기 위한 것인지, 현재 쓰지 않아도 버틸 수 있는 여지가 있는지도 되짚어보아야 합니다.

정신과 의사 김혜남은 파킨슨병을 앓으면서도 20년간 10여 권을 출간했습니다. 그녀가 겪은 고난 속에서도 글을 썼던 그 정성은 정말로 감동적입니다. 희미해져 가는 기억을 붙잡으면서도 얼마나 많은 글을 쓰고 수정했을까요? 그녀는 인생에서의 성공이란 경쟁에서의 승리가 아니라, 자기 삶에 얼마나 충실했는지를 몸소 보여주었습니다.

중국 사상가 루쉰은 『화개집』에서 "배가 부르고 글 청탁이 적으면 마음이 평온해져 아무것도 쓰지 않는다."고 말했습니다. 이때 그가 언급한 '배부름'은 간절함이 사라진 상태, 즉 무언가를 갈망하는 내적 열망이 부족한 상태를 뜻합니다.

그래서 우리는 바라는 바를 위해 끈기 있게 몰두할 필요가 있습니다. 최선을 다해 노력하고 나서 결과를 담담히 받아들이는 것, 그것이야말로 진정한 마음의 평안을 가져다주는 길이 아닐까요. 만약 한 번 시도해서 안 된다면, 그때 다른 길을 찾아보면 됩니다. 하지만 중요한 것은 시작조차 하지 않은 채 아쉬움을 남겨두는 것이 아니라, 뚝심을 가지고 가보는 과정입니다.

간절하지 않으면 행운이 우리 곁에 올 일도 없고, 운 좋게 얻어걸릴 확률도 줄어듭니다. 진정으로 간절한 마음으로 아침에 일어나, 맑은 정신으로 빈 문서의 깜빡거리는 커서를 바라보며

무엇을 쓸 것인지 고민해봅시다. 앞으로 어떤 책을 읽고, 어떤 글을 쓸 것이며, 제 미래의 독자들과 어떤 이야기를 나누고 싶은지를 깊이 들여다보는 오늘은 그래서 좀 더 특별히 간절한 날입니다.

5

배수진에서의 쓰기

왜 양자택일이어야 하는지 모르겠다. 낮에 일을 해야 한다면 밤에 글을 쓰면 된다. 단지 얼마나 간절히 하고 싶은지의 문제다.
　　　　　　　　　　　　　　　　　　　　 - 마거릿 애트우드

　자청의 『역행자』에서 '배수진'이라는 단어가 특히 눈에 띄었습니다. 배수진의 유래는 '사지에 몰아넣은 후에야 살게 되고, 망할 지경이 되어서야 존재하게 된다.'는 병법에서 시작되었습니다. 저자는 자신을 게으른 동물이라 자칭하며, 목표를 세우고 스스로를 몰아넣어 결국 성과를 이루는 방법을 설명합니다. 마감 기한을 정하고, 목표를 이루지 못하면 어떤 대가를 지불하겠다고 약속함으로써 스스로 압박을 가하는 것입니다.

젊은 작가들이 생계 수단 없이 오로지 글만 쓰며 살아가 겠다는 결단은 실로 놀랍습니다. 기고, 출판 등 다양한 글쓰 기와 강연을 통해 생계를 이어가며, 그 과정에서 탄생한 진 솔한 에세이를 읽을 때마다 가슴이 먹먹해집니다.『끈 세대 생존법』을 함께 쓴 저자 서서히는 우리 글이 이런 분들에게 진정한 글로 여겨질 수 있을지 우려했습니다. 전업 작가들 에게 퇴근 후의 글쓰기가 과연 진짜 배수진이 될 수 있을까 의문을 품었던 것입니다.

하지만 저를 돌아보면, 배수진을 치지 않고는 도저히 상 황을 극복할 수 없었던 경험이 있습니다. 저 자신을 옥죄고 쪽팔림이나 무안함을 느끼며 도전했던 순간들이었습니다. 이직, 자격증, 공부와 마찬가지로 글쓰기에서도 배수진이 필요했습니다. 작가가 생계 수단을 갖고 있다는 것이 글에 최선을 다하지 않는 상황으로 여겨질 수 있지만, 각자의 처 지에 맞는 배수진을 찾아가는 것이 무엇보다 중요하다고 생 각합니다.

전업 작가든 퇴근 후 작가든, 을의 현실은 냉혹합니다. 많은 사람들이 글을 쓰고 책을 내고 싶어 하지만, 출간 경력이 쌓인다고 해서 모두가 존중받고 다음 기회를 얻는 것은 아닙니다. 이런 환경에서 두 번째 책을 출간하며 느꼈던 점은, 작가가 뛰어난 글쓰기를 하거나 마케팅 및 영업 능력이 뛰어나야만 이 험난한 출판계에서 살아남을 수 있다는 것입니다. 즉 작가는 글만 써서는 안 되고, 스스로 발로 뛰어야 합니다. SNS와 같은 다양한 플랫폼에서 적극적으로 활동하는 것은 이제 작가의 필수 조건이 되었습니다.

"작가가 궁둥이 붙이고 글만 쓰면 다지, 직접 발로 뛰어야 하고, SNS까지 해야 해?" 말간 얼굴로 물으신다면 더 이상 드릴 말씀이 없습니다. 실제 책을 출간하고 이러한 현실에 질려버린 많은 이들의 외마디 비명을 들었습니다. 결국은 굳은 마음가짐과 발 빠른 실행이 중요하다는 생각이 듭니다. 배수진을 치고 결단력을 가지고 실천적인 글쓰기를 이어가는 것, 전업이든 시간제든 각자 처한 상황에 맞는 벼랑 끝에서의 글쓰기입니다. 제 글이 어떻게 받아들여질지 독자의 판단과 결정에 맡기고, 퇴근 후 글쓰기를 멈추지 않을 생각입니다.

5년 동안『오후의 글쓰기』를 포함해 12권의 책을 쉼 없이 쓴 열정적인 저자 이은경처럼 그냥 씁시다. 아무도 내 글을 기다리지 않으니, 누가 시키지 않아도 시작하는 것이 바로 어른의 글쓰기입니다. 저는 제 생존 방정식을 앞으로도 글쓰기로 풀어갈 것이며, 부디 여러분도 저와 같은 방향이길 바랍니다.

6

스스로 묻고 써라

독자가 이해하지 못하면 그에게 엎드려 절을 하라. 잘못은
당신에게 있으니.　　　　　　　　　－ 표도르 도스토옙스키

　때때로 귀를 빡빡 씻거나 눈을 질끈 감아버리고 싶을 때
가 있습니다. 며칠 전 퇴근 후 소파에 누워 편안히 쉬고 있
을 때, 망설이다가 받은 전화가 그랬습니다. 30분이 넘는 통
화 중, 문득 '내가 그에게 부재중일 때 녹음하는 음성사서함
인가?'하는 생각이 들었죠. 제 근황을 묻지도 않고 본인 이
야기만 늘어놓는 모습을 보며, 이제는 이런 소통을 손절하고
싶다는 마음이 들었습니다. 그러면서 문득 제 글을 되돌아보
게 되었습니다. 혹시 인정욕구에 사로잡혀 주장과 고집만 가

득한 글을 쓰고 있지 않을까 걱정되었습니다.

최인철의 『굿 라이프』에서 좋은 글과 좋은 삶의 공통점이 '톤'이라는 사실을 확인했습니다. 좋은 글은 길이나 형식에 상관없이 읽기 편해야 한다는 것입니다. 읽기 쉬운 글이 좋은 글이듯, 청중이 듣기 편한 말이 좋은 말입니다. 술술 읽히고 중간에 멈칫하지 않는 글을 쓰기 위해서는 지나치게 심각하거나 빡빡하지 않고 유연하게 넘어갈 줄 아는 능숙함이 필요합니다. 이와 함께 설득하기보다는 이해하게 하는 것이 중요하다고 생각합니다.

균형 잡힌 쌍방향 소통을 기대하기보다는, 일방적인 걸 지양해야 한다는 것이죠. 한철환, 김한솔의 『설득하지 말고 납득하게 하라』에서 설득은 상대방이 수용하게 만드는 것이고, 납득은 스스로 이해하고 수용하는 것이라고 설명합니다. 우리의 글과 말은 종종 인정받고 공감을 얻으려는 목적이 있지만, 그 과정에서 상대방에게 진정한 이해를 전달하는 것이 중요합니다. 하지만 대부분 우리의 글과 말은 인정받고 공감을 얻으려고 하는 목적이 다분합니다. 앞서 언급한 제 지인이 무차별적으로 속사포처럼 내뱉은 말도 그러했듯이 말이죠.

뭐 이해할 수 없는 건 아닙니다. 저는 슈퍼 'E'(외향형)지만 더욱 크게 느낍니다. 인간은 혼자고 철저히 고독하다는 사실을 잊지 않고 있습니다. 그 속에서 진정한 자신과 마주하고 복잡한 감정을 정리해야, 타인을 위한 톤과 예의를 지킬 수 있다고 믿습니다. 잘 보세요. 우리가 흔히 사건이 일어나 나의 감정이 생긴다고 여기지만, 실제로 사건 자체가 불안하고 초조한 나를 만들지 않습니다. 내 생각과 해석이 내 감정을 만듭니다. 따라서 적절한 감정의 수준을 유지하기 위해서는 여백을 위한 시간, 즉 쌓인 감정을 털어내는 시간이 필요합니다. 쌓이거나 억눌렸던 감정 같은 걸 게워내고 털어내려는 아무것도 하지 않는 시간 같은 거 말이죠.

결국 나 자신에게 질문하고 대답할 수 있어야 합니다. 타인을 위한 글을 쓰기 전, 내 마음에 문을 두드리고 숨을 고르는 과정이 필요합니다. 나의 진실한 마음이 보이고 들리게 된 후에야 나만의 글과 말을 할 수 있을 것입니다. 전화 통화를 마치기 전에 "나한테 묻지 말고 스스로 잘 물어봐. 본인이 뭘 하고 싶은지 이미 아는 것 같아서 하는 말이야."라는 말은 정말 잘

한 것 같습니다. 요즘은 글쓰기 전에 잠시 공백의 틈을 가지려 노력하고 있습니다. 독자에게 진정 무엇을 말하고 싶은지 진심을 들여다보는 과정이죠.

이렇게 틈의 깊이와 빈도를 고민하다 보니 어느새 일요일 밤이 되었습니다. 내일 출근을 위해 얼른 잠을 청해야겠습니다. 일단 굿나잇.

7

솔직함으로
망각과 태만에 맞서다

> 여러분이 쓰고 싶은 것이라면 무엇이든지, 정말 뭐든지 써
> 도 좋다. 단 진실만을 말해야 한다.   − 스티븐 킹

결국, 글을 쓰는 기본이란 무엇일까요? 노희경 작가는 이
금주, 박찬성과 함께 쓴 책 『드라마 아카데미』의 첫 장에서
"솔직함"이 글쓰기의 기본이라 말했습니다. 그는 대사를 써
놓고 스스로 물었을 때, 이것이 아는 척하거나 누군가를 가
르치려는 그것으로 생각하면 과감히 지운다고 했죠.

이하루 작가 역시 『내 하루도 에세이가 될까요?』에서 이렇
게 말합니다. "거짓말을 많이 할수록 자존감이 낮아지는 건

타인을 의식하는 마음에서 비롯되며, 이런 습관은 자존감 골절 같은 내상에 취약하다. 그래서 글을 쓰는 순간만큼은 솔직해져야 한다."

저도 이런 솔직함을 추구하지만, 그것이 받아들이는 이에게는 때로 부담으로 작용할 수 있다는 점을 염두에 두고 있습니다. 너무 적나라한 솔직함은 상대방에게 압박처럼 다가올 수 있습니다. '내가 이 정도인데, 너는 보여줄 수 있어?'라는 식의 무언의 도전으로 느껴질 수 있죠. 그래서 저도 어렵지만 수위 조절에도 신경을 쓰고 있습니다.

이와 비슷한 맥락에서 『#점장아님주의, 편의점』의 저자 석류가 4년 5개월 동안 편의점에서 일한 경험을 담담하게 풀어낸 것이 인상적이었습니다. 그녀는 작가가 되기로 결심한 것이 인생의 가장 큰 선택이었지만, 그 선택이 오히려 자신이 살 수 있는 상품의 범위를 좁혔다고 고백합니다. 그런데도 비관적이지 않으며, 경제적 어려움 등 현실을 담담히 받아들이고 씩씩하게 자기 삶을 꾸려갑니다. 이 솔직함이 오히려 그녀의 삶에 대한 경외감을 불러일으킵니다.

이렇듯 솔직함은 투명하고 깨끗하며, 동시에 단단한 유리알과도 같습니다. 그것은 꾸미지 않고 명료하며, 과장 없이 그 자체로 진실을 담고 있습니다. 그러한 진실이 독자에게 감동을 주고, 때로는 쓰는 이에게 무기가 되어 돌아옵니다. 제가 가장 좋아하는 한자 성어는 '사필귀정(事必歸正)'입니다. 결국 모든 것은 올바른 길로 돌아간다는 뜻, 우리의 글도 마찬가지입니다. 글은 우리 자신을 솔직하게 비추고, 결국 그대로 우리에게 고스란히 돌아옵니다.

아직도 남의 글을 읽기만 하고, 자신의 글쓰기를 주저하고 있는 분들에게 라이언 홀리데이와 스티븐 핸슬먼이 『데일리 필로소피』에서 전한 메시지를 전하고 싶습니다. 그들은 자신만을 위한 저작 활동을 하라는 격려를 보냅니다. 전날의 사건을 의식적으로 촘촘하게 회상하는 시간을 가지면 망각과 태만에 맞설 수 있다고 말이지요. 이 과정을 통해 우리는 우리의 이야기를 더욱 진실하게, 더 깊이 있게 전달할 수 있습니다.

그러니 이제는 더 이상 머뭇거리지 말고, 자신만의 가감 없는 솔직한 글쓰기를 시작해보세요. 저 변한다도 하는데, 여러분은 더 잘 할 수 있음을 믿어 의심치 마시길 바라며.

8

호환마마보다 무서운
그놈의 루틴

영감이 찾아오길 기다려선 안 된다. 몽둥이를 들고 그걸 쫓아가야 한다.
　　　　　　　　　　　　　　　　　　　　　 – 잭 런던

언제부터인가 습관보다 자주 쓰이는 말, 바로 루틴. 여러분은 습관과 루틴의 차이점을 아십니까? 반복적이라는 공통된 분모가 있지만, 그 차이는 바로 '의도'에 있습니다. 습관은 알람 없이도 오전 6시에 자동으로 눈을 뜨는 것을 의미하고, 루틴은 어떤 일을 하기 위해 목적의식을 가지고 그에 맞게 행동으로 옮기는 것입니다. 글쓰기의 경우, 습관보다는 루틴이 더 적합합니다.

"오늘은 영감이 떠오르지 않고 루틴이 아직 잡히지 않아서 글을 쓰지 못하겠다." 소위 글을 쓰는 분들이 자주 하는 말입니다. 영화 〈싱글라이더〉에서는 '새벽 5시에 지하철을 타면 게을러서 가난하다는 말이 헛소리'라는 대사가 등장하는데, 이것과 연결 지어 생각해 보면 루틴이 잡히지 않아서 글쓰기를 할 수 없다는 말은 더 이상 낯 뜨거워서도 못할 것 같습니다.

그 이유는 아마도 글을 써야겠다는 절실한 목표가 없기 때문일 것입니다. 극소수의 전업 작가를 제외하고 글쓰기가 자동적인 루틴으로 자리 잡힌 사람들이 과연 세상에 얼마나 될까요? 진정으로 글쓰기를 하려면 무조건 많이 써봐야 하고, 많이 쓰려면 매일 써야 합니다. 매일 글을 쓰다 보면 자신만의 방식이 생기고, 그것이 스타일이 됩니다.

아바타로의 『독서법이 잘못됐습니다』에서 제시하는 루틴 만들기의 핵심을 글쓰기에 유용하게 적용할 수 있습니다. 첫째, 완벽을 추구하지 말라는 것입니다. 정보 정리에 누락이 있어도 괜찮고, 글씨가 깔끔하지 않아도 상관없으며, 이해가 부족해도 좋다는 것이지요. 글쓰기는 본질적으로 자신을 표현하는 과정이기 때문에, 너무 완벽을 꾀하려다 보면 오히려 창의력을 제한할 수 있습니다. 둘째, 목표를 작게 설정하라는 것입니다. 만약 책을 쓴다면 그 구성은 장별로 나누어져 있으므로, 통째로 한 권을 쓰려고 애쓰지 말고, 장별로 자신의 속도에 맞춰 시도하는 것이 좋습니다. 이러한 접근은 글쓰기의 부담을 줄이고, 점진적으로 자신감을 키울 수 있는 방법입니다.

첫째와 둘째의 순서를 바꿔 생각해보면, 실행 가능한 수준의 목적 안에서, 완벽을 지향하지 않는 범위 내에서 적당한 기간을 두고 글을 많이 써보는 것이 글쓰기 루틴으로 자리 잡을 수 있습니다. 한국 양궁 금메달의 비결은 동일한 장소와 환경에서 반복적으로 연습한 결과라는 이야기가 있습니다. 실제와 가장 유사한 환경을 만들어 놓고 그곳에서 습관처럼 연습한다면, 실전에서 더 나은 성과를 거둘 수 있다는 거죠.

고3 수험생 시절을 돌아보면, 아침에 언어 영역을 풀고 점심시간 이후에도 모의고사를 연습했던 기억이 납니다. 자격증 취득을 위해 바짝 공부할 때 기출문제를 많이 푸는 것도 같은 맥락입니다. 이러한 반복적인 연습과 체계적인 접근이 결국 목표에 더 가깝게 이끌어 주었습니다. 글쓰기 또한 마찬가지로, 지속적인 연습과 소소한 목표 설정을 통해 발전할 수 있습니다.

진짜 글을 써볼 요량이라면, 본인에게 어떤 루틴이 좋을지 한 번 제대로 생각해 보세요. 작가 고명환의 말이 떠오릅니다. 그는 매일 가는 남산도서관의 주차장에서 주로 고급차들이 보인다고 하며, 아마도 사업가들에게 도서관에서 책 읽기는 일하기 전에 일종의 의식처럼 여겨진다고 했습니다. 쓰기로 마음의 구원을 바라는 고전적이고 우아한 행위, 평범한 우리도 당연히 할 수 있습니다. 오직 글을 위한 나만의 루틴, 여러분의 것이 몹시 궁금한 어느 주말의 오후입니다.

9

말하듯 쓰기,
그 어려운 걸 해냅니다

말하는 것처럼 써라.　　　　　　　　　　　　– 볼테르

　"글과 말은 같아야 한다." 도대체 무슨 이야기일까요? 한 언론사 부장님이 종종 글쓰기 강의를 하는데, 수강생에게 이 말씀은 빠짐없이 한다고 합니다. 문득 그가 제 첫 책을 보고 "거칠거칠한 질감"이라고 했던 기억이 납니다. 이는 글의 흐름이 매끄럽지 않거나 독자가 쉽게 이해하기 어려운 부분이 있다는 뜻일 것입니다. 돌이켜보면 조급한 저는 말을 해보기도 전에 떠오르는 영감을 허겁지겁 적기 바빴습니다. 몇 번 읽어보고 지쳐서 이 정도면 됐다는 안분지족의 마음으로 끝내 마무리했던 적도 있었습니다. 책이든 보고서든, 심지어 개인 SNS 글도 마찬가지였습니다.

강원국의 『나는 말하듯이 쓴다』를 보면, 저 같은 사람에게 일침을 가하는 훈련법이 있습니다. 평소 말하는 만큼 자주 쓰고, 구어체로 쓰고, 이왕이면 먼저 말해보고 쓰라는 겁니다. 그렇게 말하듯 글을 쓰면 독자들에게 뜻이 명확하고, 잘 읽히며 입에 딱 붙는 문장을 쓸 수 있다고 합니다. 여기서 중요한 건 '뜻이 명확하게 전달되는 것'입니다. 말을 해보면, 내가 이해한 내용이 맞는지 아닌지 금방 알 수 있습니다. 그리고 그 내용을 알고 있는 대로 쓰는 거죠.

사이토 다카시의 『직장인을 위한 글쓰기의 모든 것』에서도 비슷한 이야기가 나옵니다. 알고 있다고 생각한 것조차 글로 써보면 제대로 알고 있지 않다는 것을 깨닫게 된다고 말입니다. 맞습니다. 정갈하고 깔끔한 문장을 쓰기 위해서는 허술한 부분을 메우고, 생각을 정리하며 다듬어야 합니다. 하지만 말이야 쉽지, 이는 하루아침에 이뤄지지 않습니다.

결국 우리는 첫 문장부터 끝 문장까지 독자가 읽어주기를 바라며 글을 쓰는 거 아닐까요? 가나가와 아키노리의 『마케터의 문장』에 따르면, 저명한 광고 카피라이터 조셉 슈거맨은 "첫 번째 문장의 목적은 두 번째 문장을 읽게 하는 것, 두 번째 문장의 목적은 세 번째 문장을 읽게 하는 것"이라고 말합니다. 즉, 내가 이해한 대로 명확하고 간결하게 글을 쓰는 것이 독자가 계속 읽고 싶어 하는 글의 핵심이라는 겁니다.

강원국 작가는 50세가 되어서야 글과 말은 쌍이라는 사실을 깨달았다고 합니다. 우리는 그보다 조금 더 일찍 깨달았다면 그나마 다행일까요? 『나의 문화유산답사기』의 유홍준은 "옆에서 말하듯 글로 농담도 하고 너스레도 떨어보라."고 합니다. 저도 글을 쓸 때 종종 한 번 써본 후 소리 내어 읽어봅니다. 읽을 때 자연스럽게 흘러가는 글이야말로 좋은 글이라는 것을 실감합니다. 그렇지만 말하듯 쓰는 법칙을 하나 알아냈다고 해서 안도하기에는 갈 길이 멉니다. 세상에 귀하디귀한 '필력'을 얻는 것은 결코 쉬운 일이 아니니까요.

글쓰기는 내 생각의 발견을 손으로 한 자 한 자 옮기는 과정입니다. 필력을 갖는 것은 어쩌면 어린아이가 어느 순간 말문이 터지는 과정과 비슷할지 모릅니다. 정도는 없지만, 지름길 또한 없다는 것을 인정해야 합니다. 시간을 내어 공들여야 하고, 그 노력을 당연한 상수로 받아들여야 합니다.

    말할 줄 아는 우리는 말하듯 쓰는 것이 쉬워 보일 수 있지만, 사실 그렇지 않습니다. 아시죠? 쉽게 되는 건 아무것도 없다는 걸요. 드라마 〈더 글로리〉의 주인공 문동은의 대사를 빌리자면, "여기까지 오는데 우연은 단 한 줄도 없었어." 그렇다고 겁먹을 필요는 없습니다. 우리 입말대로 쓴 문장을 꾸준히 써 내려가 볼 수 있잖아요. 이 정도의 인내와 끈기라면, 그 어려운 글쓰기도 우리가 해낼 수 있습니다.

10

문장에는 책임이 따른다

작가라면 그 누구든 결국 빈 공책이나 모니터 화면을 바라
보아야 한다. 문장을 떠올리기 위해서라면 방망이로 자기
머리라도 내리쳐야 한다.　　　　　　　　　　　－ 오클리 홀

멘탈리스트 다이고는 『끌리는 문장은 따로 있다』에서 "글
을 쓸 때는 자기 생각을 그대로 쓰지 말고, 상대방의 마음을
어떻게 움직일지 고민해야 한다."고 말합니다. 글쓰기의 시
작은 독자가 어떤 행동을 하기를 원하는지에 관한 결정에서
출발해야 합니다. 이는 글을 쓰는 목적을 명확히 하라는 뜻
으로, 단순히 감정을 표출하기 위한 것인지, 기억하기 위해
기록하는 것인지, 혹은 독자들에게 상상력과 행동을 불러일

으키기 위한 것인지 분명히 하라는 의미입니다.

다이고의 말은 사실 단순한 '글쓰기'보다는 '책 쓰기'에 더 가깝다고 느껴집니다. 글은 그냥 자신의 의견을 적을 수는 있지만 책은 독자가 읽을 것을 전제로 한, 일종의 상품입니다. 그렇기에 독자를 고려하지 않는다면 그것은 일종의 책임 회피라고도 할 수 있습니다. 로버트 기요사키도 그의 저서 『부자 아빠 가난한 아빠』에서 책 쓰는 일을 포함한 모든 비즈니스의 성패는 판매에 달려 있다고 언급했습니다. 더불어 자신이 최고로 잘 쓰는 작가가 아니라 최고로 잘 팔리는 작가라고 했고요.

저 역시 책을 출판한 저자로서, 독자들과의 접점을 찾기 위해 부단히 노력하고 있습니다. 저자는 자신이 쓴 글에 대해 어느 정도 책임을 져야 한다고 생각하는데요. 예전에 출판사 대표와 이야기를 나누던 중 출판 후에도 독자와의 소통을 중요하게 생각하지 않는 분들이 있다는 이야기를 듣고 놀랐던 적이 있습니다.

책을 쓰고 출판하는 것은 단순히 개인의 기록을 남기는

것이 아니라, 독자와의 소통을 전제로 한 행위입니다. 이 때문에 책을 낸 이상, 출판과 판매에 대한 책임 또한 글쓴이의 몫입니다. 더군다나 타인의 도움에 힘입어 자신의 글을 책으로 만들었다면, 판매와 홍보에도 신경 쓰는 것이 당연한 일인데도 말이죠.

『태도의 언어』의 저자 김지은이 윤여준 전 장관에게 배웠다던 '공직의 도'가 문득 생각납니다. 정치인이 정치꾼으로 전락하고 대통령이 진영의 수장 노릇에 빠지게 되는 이유는 그 자리의 무게를 몰라서며 사인이 아닌 공인으로 해야 할 도리를 알아야 하는 게 바로 정치인의 기본자세라고요. 그래서 '공인'이란 책임을 지는 사람, 국민의 녹을 먹는 공직의 무게만큼 사회에 환원하며 살고자 하는 의지가 바로 공인이 두 글자에 담겨 있다고 했습니다.

책이나 글을 이야기하는데 웬 공인이라뇨. 너무 나간 거 같다고요? 누가 오다가다 들러서 쉽게 볼 수 있는 플랫폼이 아닌, 자신 이름 석 자를 당당히 드러내고, 한 자 한 자 글을 쓴 저자도 그 정도의 책임과 무게를 지녀야 하는 게 진짜 도리가 아닌가 싶은 생각을 감히 해봅니다. 특히 장기화한 경기 불황과 독서인구 감소로 인해, 해마다 역대 최대의 위기를 맞고 있는 출판계를 살펴봐서라도요. 결국 우리 목적과 책임이 수반된 글쓰기는 계속 이어져야 할 것입니다.

11

그래, 평생 꾸준히 적어라

때로는 쓰기 싫어도 계속 써야 한다. 그리고 때로는 형편없
는 작품을 썼다고 생각했는데, 결과는 좋은 작품이 되기도
한다.   ─ 스티븐 킹

어느 특성화고등학교의 학생들이 공무원 시험에 전원 합
격했다는 뉴스를 접했을 때, 저도 모르게 가슴속 깊은 곳에
서 진심으로 '브라보'라는 손 박수를 보냈습니다. 그 어린 나
이에 하고 싶은 것이 많았을 텐데, 수많은 유혹을 뿌리치고
오직 합격의 영광을 위해 열심히 공부에 매진하는 것은 결
코 쉬운 일이 아니죠. 그러나 분명히 말하고 싶은 것은, 합
격 후에 공부가 끝났다고 생각하는 것은 큰 오산이라는 점

입니다. 공무원이든 회사원이든 공부와의 이별은 영원히 없다는 것을 깨달아야 합니다. 이제 공부는 험한 태백산맥에서 고작 한 봉우리를 넘었을 뿐이라는 인식을 가져야 합니다.

직장을 다니며 새로운 분야를 공부하거나 현재 자신의 전문성을 높이기 위해 계속해서 노력하는 사람들을 우리는 '샐러던트'라고 부릅니다. 평생직장 개념이 사라지면서, 지속적인 공부를 통해 자신의 가치를 높이려는 직장인의 모습이 이러한 명칭을 만들어낸 것입니다. 그렇다면 정년이 보장된 공무원들은 해당하지 않을까요? 제가 4년 동안 지켜본 바로는 그렇지 않았습니다. 그들은 퇴근 후 근처 대학에서 석·박사 학위를 공부하거나, 외국어를 배우고 자신이 맡은 업무뿐만 아니라 관계된 다른 분야에 대한 탐구도 게을리하지 않았습니다. 그런 과정을 통해 새 삶을 찾는 원동력을 삼기도 했습니다.

따라서 '샐러던트'라는 개념은 직장의 근속 보장 여부와는 크게 상관없습니다. 이는 복잡다단한 세상을 살아내기 위한 대세이며, 필수적인 태도라고 생각합니다. 그러나 공부를 해야 할 당위성은 충분히 이해하지만, 언제부터 얼마만큼 해야 하는지는 또 다른 문제입니다. 제가 좋아하는 야마구치 슈는 저서 『독학은 어떻게 삶의 무기가 되는가』에서 목적 없이 무작정 젊었을 때부터 공부를 시작하는 것이 독학의 핵심이라고 언급합니다. 그러니 일단 많은 양을 투입해 두어야 나중에 필요할 때 충분히 발휘할 수 있다고 강조합니다.

직장인 대부분은 공부를 '언젠가 필요할 때' 하겠다고 생각하는 경향이 있습니다. 하지만 저자는 그렇게 하지 말라고 경고합니다. 우리는 그 '언젠가'를 정확하게 예측하기가 어렵기 때문입니다. 예를 들어 은퇴를 앞두고 급히 주택관리사나 공인중개사 자격증을 취득하려 한다면, 그 자격증이 정말로 필요한 시점을 미리 고려해야 합니다. 필요한 상황이 오기 전에 준비하지 않으면, 사회의 변화나 개인의 상황에 따라 그 자격증이 필요해지는 시점이 다를 수 있습니다.

갑자기 퇴직 후 3억 원을 지급하겠다는 통신 대기업이 등장하거나, 대형 e커머스 회사들이 인적 쇄신을 위해 느닷없이 희망퇴직을 단행하는 사례를 보면, 우린 언제 위기가 찾아올지 예측하기 어렵습니다. 14년 재직기간 동안 온갖 흥망성쇠를 경험한 전 직장의 경우, 내내 위기를 외쳐서 오히려 진짜 위기일 때는 오히려 직원들을 긴가민가하게 했습니다. 어떤 유명 기업에서는 그룹 계열사 간의 큰 거래가 있었지만, 발표 당일까지도 몇몇 인원만이 이를 알고 있었던 경우도 있었습니다. 그러니 우리 같은 평범한 사람들이 이러한 갑작스러운 변화를 예지하기란 거의 불가능한 일입니다.

　우리가 자의 반 타의 반으로 실제 무대에 서게 되었을 때, 한쪽 구석에서 부랴부랴 공부하고 현실과의 승부와 타협을 보려 해도 이미 때는 늦습니다. 그런 식의 결과는 벼락치기나 수박 겉핥기식의 인풋에서 기인할 수밖에 없습니다. 결국 자기만의 독특한 관점이나 다른 분야에 대한 통찰력을 조합하여 해결책을 내놓기가 쉽지 않은 것입니다. 그래서 미리 학습하고 대비하는 것이 얼마나 중요한지 잊지 말아야 합니다. 변화는 언제든지 찾아올 수 있으며, 그에 대한 준비는 우리가 원하는 기회를 놓치지 않도록 도와줍니다. 따라서 오늘 할 수 있는 공부를 더 이상 미루지 않고, 지금부터 차근차근 시작하는 것이 필요합니다.

　아동문학의 스테디셀러인『플루토 비밀결사대』의 저자 고

영삼 작가는 4년 동안 미친 듯이 글쓰기를 하며 동화작가로 등단했습니다. 상고를 졸업하고 금융권에 취직한 후 많은 인내와 고뇌를 겪으며 인생의 이모작에 성공한 사례를 통해, 그녀의 절대적인 투입량이 결국 그녀를 세상에서 인정받게 한 계기임을 알 수 있습니다.

결론적으로, 공부란 인간이 숨을 쉬며 공기와 함께 살아가듯, 특정 시기나 양에 얽매이지 않고 지속해야 할 평생의 숙제입니다. 김용섭의 『프로페셔널 스튜던트』에서 언급된 비트 켄슈타인의 말, "내 언어의 한계는 내 세계의 한계"라는 표현처럼, 글쓰기와 언어 능력을 키우는 유일한 공부 방법은 많이 읽고, 많이 생각하고, 많이 쓰는 것이라는 점을 상기하게 됩니다.

우리는 글을 쓰며 그 과정에서 우리 자신을 조금씩 다독입니다. 마치 숨을 쉬듯, 공기처럼 자연스럽게 글쓰기를 이어가자는 다짐을 함께 해보면 어떨까요?

12

나다운, 나답게,
새롭게 쓴다

글쓰기는 세상에서 가장 외로운 노동이다.　　－ 존 스타인벡

최명화 작가의 책 『나답게 일한다는 것』을 읽으며, 해외 출장 중 출입국 서류의 '직업란'에 'XX employee'라고 적은 그녀의 이야기가 저에게도 생각할 거리를 던져주었습니다. 저도 별 고민 없이 비슷하게 적었을 테지요. 그녀는 회사의 간판이나 명함 뒤에 가려진 내가 아닌, 그저 직업에 얽매이지 않는 '진짜 나'를 찾는 것이 중요하다고 했습니다. 그러나 현실 속에서 우리는 그 사실을 쉽게 잊곤 합니다. 언제나 일에 몰두하고 그 흐름에 젖어 있다 보면 '나'를 잃어버리기 일 쑤입니다. 나와 봐야 그 감투를 벗어젖혀야 비로소 깨닫는

것 그게 나다움을 찾는 길이라는 걸요.

저는 '나다움'이라는 단어에 유독 매력을 느낍니다. 진정한 나다움을 찾기 위해서는 내 시선을 외부에서 내 안으로 돌려야 한다고 생각합니다. 그래서 주말엔 일찍 일어나 책을 읽고, 글감을 모으면서 나만의 시간을 누립니다. 평일에는 회사에 몰두하고, 퇴근 후에는 공부와 자격증 취득을 위한 시간으로 채워지지만, 주말만큼은 온전히 나 자신을 돌아볼 수 있습니다. 일상에 짓눌린 긴장을 풀고, 나다움에 대해 고민하며 새로운 관점을 모색하고 '변한다'로서의 자기 응시를 할 수 있는 소중한 시간입니다.

물론 새벽부터 커피를 들이부어 속 쓰림이나 감기는 눈꺼풀을 억지로 뜨는 고통을 겪어야 할 때도 있습니다. 그러나 그 순간을 괴로워하거나 불안해하지 않고, 묵묵히 기다릴 줄 아는 참을성이 더욱 중요합니다. 이러한 인내는 우리가 직면한 어려움을 극복하고 성장할 수 있는 기반이 됩니다. 10년 주부에서 알 깨고 세상을 향해 나아가기 위해 그 첫발, 글쓰기를 선택한 김혜원의 『아무도 불러주지 않는 내 이름을 찾기로 했다』에서도 나 자신을 돌아보는 시간의 소중함을 강조합니다. 그저 기다린다는 것은 응시하는 것, 우리는 마음을 가꾸는 농부이기 때문에, 우울한 가뭄이 오래갈 때 어리석은 농부는 기우제를 지내고 굿을 하지만 현명한 농부는 때를 기다리는 것처럼, 그만큼 자기 자신을 들여다보는 시간과 품을 들여야 한다고 했습니다.

도가도 비상도 명가명 비상명(道可道 非常道 名可名 非常名), 노자의 도덕경 첫 구절처럼 인생을 길게 보면 모든 것이 여유롭게 되고 이해되며 아름답게 보인다고 합니다. 도를 도라고 말할 수 있으면 이미 유명한 그 도가 아니고 모든 사람이 길이라고 하는 길이 사실은 길이 아닐 수도 있습니다. 이렇듯 나답게 살기 위해 나는 새벽 아침을 가르며 잠과 권태로움 사이에서 밀고 당기는 이 여정을 통해 비로소 나만의 '멋있는 길'을 찾게 됩니다. 그 과정에서 현실과 이상이 하나로 섞여 경계가 모호해지기도 하지만, 점차 원하는 본연의 나로 가까워질 수 있음을 느낍니다.

작가 세스 고딘은 평균과 그저 그런 것 사이에는 차이가 없다고 합니다. 그저 무난한 일상에 안주하지 않고, 나답게 살기 위해 작은 변화를 실천하는 것이 중요하다는 그의 말이 마음속 깊이 와닿습니다. 사소한 변화가 쌓여 차분히 나만의 길을 만들 수 있다면, 우리의 삶은 결국 예상보다 크게 달라질 수 있습니다. 이와 같은 생각은 청주 북토크에서 만난 한 독자를 떠올리게 합니다. 카뮈의 『이방인』을 좋아하는 그는 회사에서 인간관계로 인해 겪었던 고단함과 분노를 규칙적인 글쓰기를 통해 흘려보냈다고 했습니다. 복잡한 감정을 묵묵히 감싸안고, 글이라는 통로를 통해 자신을 해방하는 모습이 인상적이었습니다. 글을 통해 내면을 들여다보는 그 순간, 우리는 조금씩 나만의 길을 발견하게 될 것입니다. 한 주의 끝자락에서, 자신을 되찾는 그 순간들을 온전히 음미하며 지내길 바랍니다.

13

너무 늦은 시작이란
없습니다

오전 내내 내가 쓴 시 한 편의 교정을 보면서 쉼표 하나를 떼어냈다. 오후에 나는 쉼표를 다시 붙였다. – 오스카 와일드

출간 두 달 만에 10만 부를 돌파한 하와이 대저택의 『더 마인드』는 온통 무의식에 관한 이야기로 가득합니다. 단순히 생각을 넘어서, 생각이 실행으로 자연스럽게 흐르도록 해야 한다는 것입니다. 특히 주목할 만한 점은 성공을 위한 '자동화' 과정에서 하루에 100번씩 100일간 손으로 쓰라는 것보다 더 중요한, 바로 '페이스메이커'.

이는 스포츠에서 기록을 유지하도록 돕는 보조자이자, 의

학적으로는 심장 박동을 정상으로 유지하는 장치입니다. 그러고 보면 달리기든 삶이든, 그리고 글쓰기든, 적절한 속도 조절은 무척 중요합니다. 너무 느려도 안 되고, 너무 빨라서 지쳐도 안 됩니다. 적당한 리듬으로 살아가는 법을 알아야 합니다.

우쥔의 『인생의 격차』에서는 성공한 사람들은 공통으로 '격'이 다르다는 점을 지적합니다. 여기서 '격'이란 자신을 제대로 알고, 현재 위치와 속도를 파악하며, 자신의 리듬을 이해하는 것을 의미합니다. 특히 가난할수록 바쁘고 바쁠수록 가난해지는 악순환에 빠진 사람들일수록 이 연결고리를 끊어내고, 속도를 조절하며 페이스를 찾아야 한다고 강조합니다.

그러나 우리는 종종 불안에 쫓겨 실수를 반복합니다. 뒤처진다는 생각에 선택과 집중을 하지 못하고, 되지도 않는 멀티태스킹을 시도합니다. 이런 상황은 결국 더 큰 피로를 초래하고 실수로 이어지며, 나중에는 밀려나는 결과를 가져옵니다. 불행히도, 한 번의 실수로 모든 것을 잃는 경우도 있습니다.

저 역시 20대부터 여러 가지를 '잡기'처럼 내달리며 살다가, 이제 40대에 이르러 비로소 멈추고 돌아보는 진정한 '사춘기'를 겪고 있습니다. 가끔은 이렇게 생각하곤 합니다. '너무 늦은 걸까?' 하지만 평생을 돌다리만 두드리며 멈춰 있는 것보다는 나은 선택이라고 스스로를 위로합니다.

중요한 것은 우리의 속도에 맞춰 나아가는 것이며, 그 과정 속에서 의미를 찾는 것입니다. 이는 온전히 우리 몫이며, 다른 사람과 비교할 필요는 없습니다. 각자의 길이 다르고, 각자의 시간이 다르기 때문입니다. 우리는 우리만의 여정에서 의미를 찾고, 그 안에서 성장할 수 있습니다.

"40대시죠? 너무 늦게 글을 쓰셨네요. 그동안 뭐 하셨어요? 진작에 쓰지, 아이고 아까워라."

출간 후 이런 말을 종종 듣곤 합니다. "음…. 사실 술 마시고 놀았죠." 목구멍까지 올라오는 대답을 간신히 억누르며 중학교 시절, 꼴찌로 들어왔던 오래달리기의 굴욕을 떠올립니다. 하지만 그럼에도 불구하고 포기하지 않고 목표 지점까지 끝까지 달렸다는 것만으로 작은 위안이 됩니다. 속으로는 이렇게 말합니다. "중년에 쓰는 글쓰기에는 그 나름의 마력이 있습니다. 부디 제 걱정은 하지 마시길."

포항 북토크에서 뵈었던 70대 독자님이 떠오릅니다. 틈틈이 블로그에 글을 적고 계신다며 수줍게 웃으셨던 그 귀여운 표정이 아직도 생생합니다. 시간이 흐르고 나이가 들어도, 글쓰기는 여전히 그분의 삶 속에 살아 있었습니다.

누군가는 이렇게 말했습니다. "시간의 걸음걸이에는 세 가지가 있다. 미래는 주저하면서 다가오고, 현재는 화살처럼 날아가며, 과거는 영원히 멈춰 있다." 그렇다면 여러분의 글쓰기는 지금 어디쯤 와 있을까요? 날아가고 있나요? 다가오고 있나요? 아니면 멈춰 있나요? 너무 늦은 시작이란 없습니다.

깜깜한 밤,
북극성 찾는 심정으로

> 글쓰기는 안개가 자욱한 밤길을 운전하는 것과 같다. 전조
> 등이 비치는 곳만 보이며 그렇게 끝까지 가야 한다.
>
> — E. L. 닥터로

부모님과 식사하던 중 알게 된 사실 하나가 있습니다. 한국에서는 해마다 6만 5천 종 안팎의 책이 출판된다고 합니다. 이는 일본과 비슷한 수치로 한국의 인구가 일본의 절반에 불과하다는 점을 고려했을 때 우리의 출판량은 독서 인구를 훨씬 초과하는 놀라운 수치입니다. 이처럼 많은 사람이 책을 내고 쓰고 싶어 하지만, 그 글을 읽어줄 독자는 불행히도 부족한 상황입니다.

우리 주변의 환경적 요소와 더불어, 전반적으로 책의 인

기가 없는 이유는 급변하는 미디어 환경이 크게 작용하고 있기 때문입니다. 다양한 즐길 거리와 볼거리가 넘쳐나는 현대 사회에서 '빨리빨리' 전력 질주하는 우리네 삶에서 책 문화가 밀려나고 있는 현실입니다. 다행히도 20, 30대 젊은 층들이 e북 등을 접하는 모습을 보니 여전히 희망의 불씨가 남아 있는 듯합니다.

눈치채셨겠지만, 이는 외부적 상황입니다. 출판 사정이 어렵든, 독서 인구가 줄어들든 이는 제가 제 마음을 다스리고 삶을 살아내고자 하는 의지와는 크게 상관없습니다. 긍정적으로 보는 지점은, 내 글을 널리 알리고자 에세이 등을 출간한다는 것은 그만큼 글쓰기를 통해 '나는 이렇게 살아있다.'는 일종의 생존 신고를 하는 것이 아닐까 합니다.

그렇다면 우리는 단순히 상황을 지켜보는 것이 아니라, 마음을 먹고 뭐라도 시도해보아야 합니다. 『나는 읽고 쓰고 버린다』의 저자 손웅정은 "중년에 시작한 공부는 정오의 태양처럼 강렬하며, 노년에 시작한 공부는 촛불처럼 태양과 비교할 수는 없지만, 앞을 못 보고 헤매는 것보다 천 배 낫다."고 했습니다.

태양이든 촛불이든 시작만 한다면 인생이라는 미로에서 이정표 없이 허우적대지 않을 것입니다. 답 없는 인생에서 그 출발에 '쓰기'가 여러분과 함께하길 바랍니다. 아직도 남의 글 읽기에 머물러 있다면, 부디 이 책이 여러분의 쓰기를 돕고 당장 실행을 위한 촉진제가 될 수 있길요. 다소 시간이 걸리겠지만, 쓰기로 불안하고 초조한 마음을 붙잡고 분명 원하는 방향을 찾을 수 있음을 저를 보고 믿어 의심치 마십시오.

　아버지는 제가 언론사 입사를 준비하고 로스쿨 1기 입시에 도전할 때, 이런 말씀을 하셨습니다. "기자나 변호사가 되려면 무엇보다 글을 잘 써야 하고, 책도 많이 읽어야 한다.(넌 한참 부족한 거 같은데…)" 20대까지만 해도 책 한 권 제대로 읽지 않았던 제가 바라고 원했던 삶은 아니더라도, 읽고 쓰면서 하루하루를 살아가고 있습니다. 주말이면 독자분들과 만나 이야기를 나누면서 일종의 공헌감도 느끼게 되었습니다.

　이제 세상은 제 주관과 뚝심으로 살아갈 가치가 있는 곳임을, 그리고 그 신념이 지금 이 순간에도 저를 지탱해 주고 있음을 조금씩 깨닫고 있습니다. 읽고 쓰며 다져진 이 길이 비록 우연히 시작되었을지라도, 때로는 흙먼지가 뿌옇게 가려진 돌길에 걸려 넘어져 상처도 남았습니다만 그 과정을 통해 제 이야기를 써 내려가는 힘을 얻었습니다. 울퉁불퉁하고 투박한 삶의 면면들이 제 삶을 더 풍요롭게 빚어주고 있음을 믿습니다.

한 치 앞도 보이지 않는 인생에서 갈피를 잡지 못해 발걸음을 멈추고 싶을 때 저처럼 여러분도 용기를 내어 쓰기를 시작해보세요. 지금 사방이 깜깜하다면, 반짝이는 별 하나를 꼭 찾겠다는 그 절실한 마음으로 자신만의 서사를 써 내려가 봅시다. 끝이 무엇이든, 멈추지 않고 나아가자는 약속을 함께해요. 여러분의 소중한 이야기가 세상과 맞닿아 진정한 의미를 찾게 될 것이니, 변한다와 같이 이 여정을 같이 걸어갑시다.

칠흑 같은 어둠 속 세상에서
읽기와 쓰기로 더듬더듬 살아가며
변한다

제 글을 늘 가장 먼저 읽어주시는 고마운 어머니께
깊은 감사를 드리고 싶습니다.
그리고 모자란 우리 모자(저와 제 아들)를 걱정하느라
밤잠을 설쳐 오신 아버지,
제가 무엇을 하든 묵묵히 지지해 주는 나무 같은 남편,
어느새 훌쩍 자란 하나뿐인 사랑하는 아들에게도
고마움을 전합니다.
또한 제 글을 아껴주시고 기다려 주셨던
소중한 독자분들께 감사의 인사를 드립니다.
이 책이 세상에 나올 수 있도록 아낌없는 지원을 해주신
미다스북스 출판사의 안채원 편집자님께도
감사의 마음을 전합니다.